JN124769

国難の商人

白石正一郎の明治維新

宮本雅史

産經新聞出版

はじめに

米中関係が怪しい。「アメリカ・ファースト（米国第一主義）」のドナルド・トランプ大統領に、人民より国家の体面を重視、強引に世界戦略を展開する中国の習近平国家主席。それぞれがそれぞれの思惑《おもわく》で国益を守ろうとするなか、その狭間《はざま》に立つ日本はどうか。今後どのように対応していくべきなのか。

先の大戦から七十五年目にあたる令和二年は、年頭から悪夢のような日々が続いた。そう、新型コロナウイルスという未知の敵の襲来だ。十月にはトランプ氏も感染した。

どの国も、感染が拡大するや、鎖国政策をとり、外出禁止や商店閉鎖など、政府主導で厳しい感染防止策をとった。日本人には強引とも思える対策だったが、産経新聞によると、世論調査の結果、フランスでは九五％の国民が、イタリアでは九四％の国民が政府の対策を支持したという。政府の厳しい措置《そち》に国民が納得し、国家をあげての「生」への執念さえ感じられた。

我が国も、姿が見えない敵への対応に追われた。だが、方針が二転三転する政府からは、遮二無二《しゃにむに》、国と国民を護《まも》ろうという気概が伝わってこなかった。

戦後七十五年間、我が国は、あまりにも平和裏に過ごしてきたからだろうか。新型コロナウイルスは、我々日本人に、戦後日本が抱えた欠点を気付かせてくれたように感じる。政府の危機管理意識の希薄さ、そして緊急事態に対処する際の覚悟の欠如。各国が厳しい施策で国難と戦っている最中、具体的な戦略を示さない、示せない政府に対し、複数の自治体が独自の戦略を展開、中央政府にモノを言う場面が多々あった。

国民の側にも同じことを感じた。想像を絶する感染拡大に、各自治体は不要不急の外出自粛を求めたが、なかなか国民に周知徹底できなかった。権利と自己主張に終始し、義務を軽視、自分さえ良ければいいという間違った個人主義を注入し続けて来た「戦後教育の矛盾と末路」を見る思いだ。

非常事態に評論はいらない。イデオロギーもいらない。国難の克服に向けた国民と政府の一体感と具体的な戦略、それに指導者に覚悟があればいい。それは、対外政策でも同じだ。中国や韓国など反日感情が強いとされる相手だけでなく、欧米諸国に対しても言える。ただ、そのためには、問題の原因を相手国に追及、解決策を求めるだけでなく、どのような国難にも耐えうる国造りをしておかなければならない。

先の大戦で敗れ、焦土化した我が国は奇跡的な復興を遂げ、今や経済面だけではなくスポーツの世界でも国際社会で牽引《けんいん》的役割を果たすようになった。高度成長期にはエコノミックアニマルなどと揶揄《やゆ》されたが、世界に日本人の素晴らしさと底力を発信、国際社会にその立場を確立した。ノーベル賞候補の常連国にもなった。

屈辱的なシベリア抑留から復員した筆者の父親が、何かに向かって憂《う》さを晴らすように遮二無二に働く姿を今も思い出す。父親だけでなく全ての日本人がそうだった。それを象徴したのが昭和三十九（一九六四）年の東京五輪と同四十五年の大阪万博だったと聞かされて育った。

日本が未来を見据えて一つになっていた頃から五十数年。身の回りを見ると「ちょっと待てよ」と感じることが多い。〝新型コロナウイルス事件〟への反応、対応がそれを象徴しているると述べたが、さまざまな事件や出来事、政治動向等を取材すればするほど、戦後七十五年の間に日本人として何か大切なものを失ってしまったのではないかと痛感する。

日本を代表する作家、三島由紀夫（当時四十五歳）が、自ら結成した民間防衛組織「楯《たて》の會《かい》」の会員四人と陸上自衛隊市ヶ谷駐屯地に乗り込み、会員一人と自決する衝撃的な出来事から、令和二年十一月で丸五十年になる。三島らは天皇中心の日本の伝統文化などを守り、自衛隊を国軍にするためには憲法を改正するほかないと訴えた。憲法改正論議は五十年近く経ってようやく議論されるようになってきたが、三島は死の四カ月前の昭和四十五年七月七日、産経新聞にテーマ随想「私の中の25年」を寄稿、その中で「このまま行ったら『日本』はなくなってしまうのではないかという感を日ましに深くする。日本はなくなって、その代わりに、無機的な、からっぽな、ニュートラルな、中間色の、富裕な、抜目がない、或る経済的大国が極東の一角に残るのであろう」と日本の将来を憂《うれ》いている。戦後の我が国の変貌は、この三島の予言が的中したように感じる。

〝新型コロナウイルス事件〟では、各国が鎖国政策をとった。国と国民を護るためだった。我が国は江戸時代、鎖国政策をとり続け、二百六十年余りもの間、四方が海という地の利を生かし国を護った。明治維新、開国と同時に、名実ともに大きく飛躍したことは歴史が証明している。だが、規制緩和やグローバル化、国際協調がまるで国が繁栄するための必須条件であるかのように呪文のように唱えられ、結果、他国との国境がなくなってしまったのも事実だ。そしてそれ以上に、七十五年間に及ぶ「平和」が日本人を勘違いさせ、日本人から誇りと国を護るという意識を奪ってしまったのではないだろうか。

幕末・維新の動乱の時代、志士たちは、我が国に触手を伸ばし始めた諸外国から国を護るにはどうすればいいか、主権国家としてどうあるべきかを探求。イデオロギーは違っても、それぞれが、それぞれの立場で、命を賭けて国を護ろうとした。

国を護るには思想と情報に基づいた分析力と資金、行動力が必要だが、幕末から明治維新への激動の流れを見ると、ひとりの人物が浮かび上がる。長州藩の末藩・清末藩《きよすえはん》で荷受《にうけ》問屋「小倉屋《こくらや》」を営んでいた白石正一郎《しらいししょういちろう》だ。情報と資金、思想に裏付けされた問題意識はあったが、商人であるがゆえに行動に移すことができなかった。一方、西郷隆盛や高杉晋作ら尊攘志士には思想と行動力があったが、十分な情報がなく資金も欠いた。そうした両者が交流を持つことで日本を変えることに成功した。

振り返って、現在の我が国の財界の現状はどうだろうか。今の財界人は、自分たちに有利な政策の実現を求めるばかりで、日本全体を良くしようとする考えが少ないように見受けられる。反対に、白石正一郎は、国難に挑み維新実現に全私財を投じながら、一切見返りを求めなかった。

どのようにして明治新政府が誕生したのか。時計の針を幕末・維新の激動の時代に戻し裏面史に触れることで、国内外の敵から国を護るために必要なものは何なのか、そして、戦後、日本人の心から何が失せてしまったのかを考えたい。時代が変わっても、変わってはいけないもの、なくしてはいけないものがあり、今こそ、それに気づくことが、再生・日本に繋《つな》がり、日本の誇りを取り戻せると感じるからだ。

国難の商人　白石正一郎の明治維新◎目次

第二章　維新前夜

第三章　攘夷戦

第四章　奇兵隊

第五章　招魂場祭

第六章　白石家

序章

白石邸がなければ明治維新は遅れていた

ここに歴史を知る上で貴重な日記がある。幕末期、長州藩の末藩・清末藩で荷受問屋を営んでいた白石正一郎が綴《つづ》った『白石正一郎日記』（白石正一郎日記中摘要《てきよう》）だ。安政四（一八五七）年九月十二日から明治十三（一八八〇）年八月二十二日までを綴ったこの日記には、国事に奔走した勤王《きんのう》の志士たちの名前が次々と登場する。西郷隆盛、平野國臣《くにおみ》、有馬新七《しんしち》、久坂玄瑞《くさかげんずい》、吉村虎太郎《とらたろう》、高杉晋作、木戸孝允《たかよし》、井上馨《かおる》、山県有朋《やまがたありとも》、伊藤博文、中岡慎太郎、坂本龍馬、前原一誠《まえばらいっせい》、野村望東尼《もとに》……。さらに中山忠光卿や三条実美《さねとみ》卿ら急進的な公卿《くぎょう》（朝廷の高官）や公家の正親町公董《おおぎまちきんただ》など、正一郎と縁を持った志士たちは四百人を超える。

文久三（一八六三）年六月八日、高杉晋作が「奇兵隊《きへいたい》」を結成したのも白石邸だった。正一郎は商人でありながら、即日、入隊している。

正一郎が日記原本から要点を抜き出してまとめた「日記中摘要」は日々の出来事を簡潔に記しただけだが、維新前夜の「人」と「情報」の激しい動きを的確に書き留めており、行間からは、国家の安定と安寧を願い、白石邸で、忍び寄る外敵から国を護るための尊皇攘夷《そんのうじょうい》運動や倒幕運動、そして主権国家の有り様について、白熱した議論が展開される様子が生々しく伝わってくる。それは、明治維新の裏面史を見るようであり、同時に、主権国家の在り方を考えさせられ、もし、白石邸がなければ、明治維新は数年は遅れていたのでは、と感じるほどだ。正一郎は、志士たちの突然の来訪に驚きながらも、国家を護ろうと奔走する彼らを丁寧にもてなし、小遣いを与え、時には妾《めかけ》の世話までしていた。

幕末から明治維新へ――。時代が狂乱怒濤《どとう》の流れにのみこまれたこの時期、白石邸は、まさに尊攘運動に奔走した志士たちの宿舎であり、隠れ家であり、情報の交差点であり、情報交換のアジトでもあったのだ。

白石正一郎の名は、「奇兵隊のスポンサー」の一人としてよく歴史の一ページに登場するが、それはあくまでも脇役としてであり、主人公として表舞台に上ったことも素顔を表したこともない。

白髪の着物姿の老人が背広姿の七人の男性に囲まれ、こちらに向かって微笑んでいる一《いち》葉《よう》の写真がある。写真の裏には「写真師　松原」のゴム印が押され、「白髯ノ老人が下関伊崎、豪商白石正一郎一郎五十二才、奇兵隊結成。其他四人・井上聞多（馨）伊藤俊輔（博文）」などと書かれている。日付けは「文久三年五月十一日」と記されているが、人々の身なりをみると、実際は、明治期に入ってから撮影されたもののようだ。

これほどの人の出入りの中心にいながら、実は、正一郎の写真は一枚も現存しない。唯

一、この写真の裏書きを頼りに、写真の老人が正一郎だと伝えられているにすぎない。白髪で、白いあごひげを長く伸ばし、八人の中で最も小柄。やや上向きに目を細め、少し口を開いたその表情はどことなくひょうきんで人懐《なつ》こく、つられるようにほほが緩んでしまう。その笑顔は一緒に写っている井上や伊藤を柔らかな表情で見守っているようにも見える。

「奇兵隊のスポンサー」と言われながらも、歴史の表舞台に主役として登場することがなかった白石正一郎とは、どのような人物なのか。幕末、江戸から遠く離れた本州最西端の地の白石邸で何が起きていたのか。なぜ、白石邸が志士たちのアジトになりえたのか。正一郎と志士たちの関係はどのようなものだったのか。どのようにして商人である正一郎の元に情報が集まったのか。そして、彼らの国家観とは、彼らにとっての国造りとは何だったのか……。

わき上がる疑問に突き動かされて、本州最西端の咽喉《いんこう》の地、山口県下関市を訪ねた。幕政時代は長門国《ながとのくに》豊浦郡赤間関《あかまがせき》と呼ばれた地域だ。ＪＲ下関駅から歩いて数分。山陰に向かって伸びる国道一九一号線沿いに、中国電力下関営業所のビルがある。その社地の一角に「白石正一郎旧宅跡」という石碑が立っている。白石家の本宅と白石家が経営する荷受

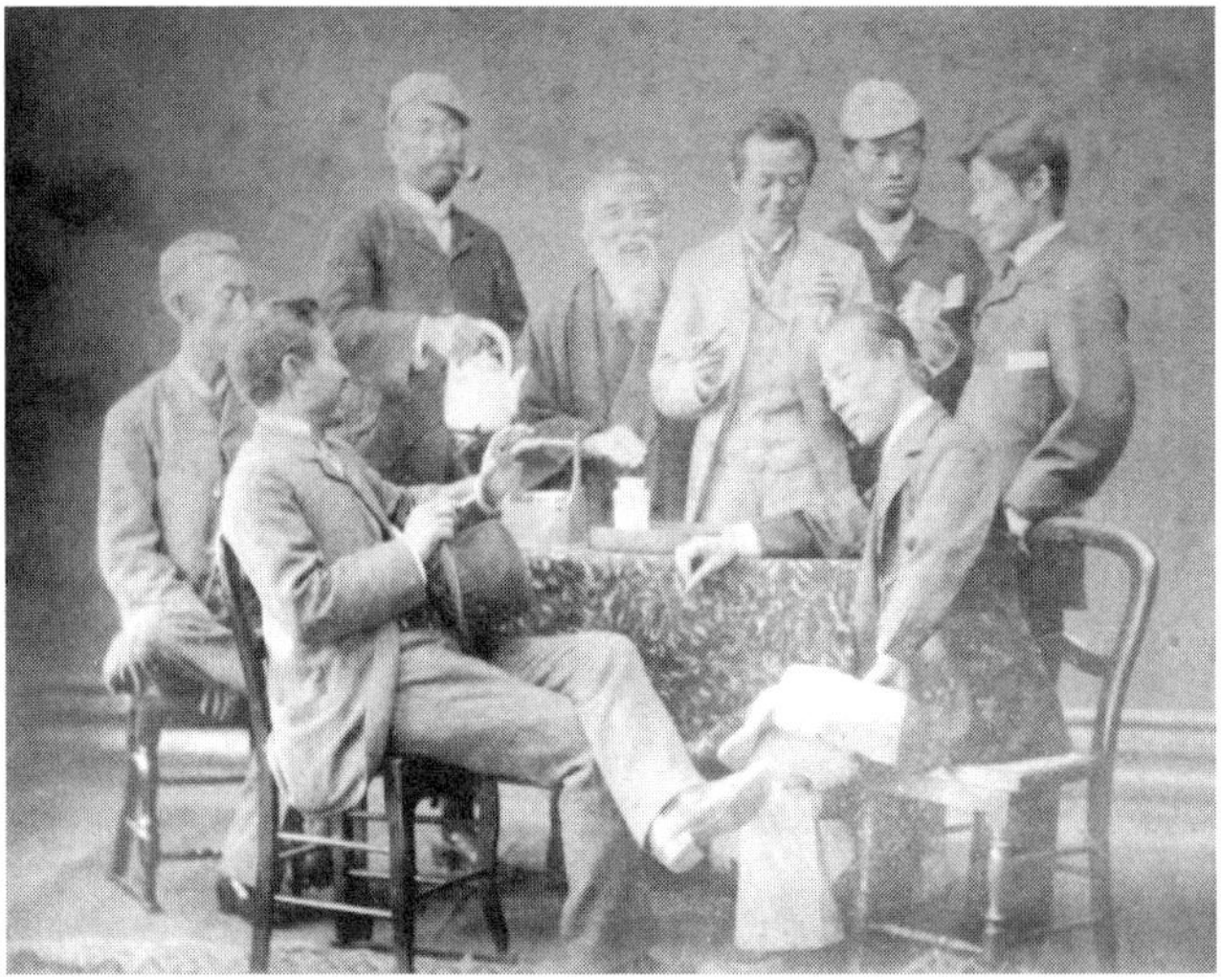

白石正一郎とされる人物（中央のあごひげの男性）が写った写真（東行庵蔵・下関市立東行記念館寄託）

問屋「小倉屋」があった場所だ。今では、埋めたてられ、当時を知るよすがもないが、幕政時代は、この地域は竹《たけ》崎浦《ざきうら》とよばれる漁港で、白石家の裏手まで海が迫っていた。

竹崎浦は、承応《じょうおう》二（一六五三）年、清末藩が分知《ぶんち》するに伴って、長府《ちょうふ》藩領から清末一万石の飛び領地となった。下関の西隣りに位置し、小瀬戸と呼ばれる海峡をへだてて彦島（当時は引島）と向き合っている。小瀬戸からは日本海に、大瀬戸からは関門（下関）海峡に通じるため、古くは、漁民や塩魚などを運搬するいさば船の乗組員が住民の大半を占める漁村だった。

しかし、海上交通の発展が、赤間関と竹崎浦の姿を変えた。

江戸期の海上交通は、五つの航路があった。奥州―江戸間の東廻《まわり》航路、江戸―大坂間の南海航路、九州・壱岐《いき》・対馬《つしま》・五島への西海航路、瀬戸内海航路、それに、北海道、奥羽、北陸方面から日本海を通って赤間関に入り、さらに瀬戸内海を経て兵庫、大坂に達する北前航路だ。赤間関は、このうち瀬戸内海航路と西海航路、北前航路の三つの航路の中継地点として殷賑《いんしん》を極めた。正一郎の日記に〈常々他国者不絶入込候所柄〉（諸藩の者が絶えず行き来している所）と綴るほど、人やモノ、情報が集散する場所へと大きく発展していた。

竹崎浦は赤間関の発展の影響を受けて、清末藩による築港や開発が進み、廻船《かいせん》問屋や荷受問屋などの商人が進出し、問屋や町家が立ち並ぶようになった。人口も増え、元文四（一七三九）年に百三十六戸、五百八十三人だったのが、江戸後期の天保九（一八三八）年には、二百十九戸、八百六十六人を数えた。

白石邸には、表玄関のほかに、この竹崎浦に面した浜門《はまもん》があった。浜門は、海から荷を運び込むためにつくられた海側の門で、この辺りの廻船問屋や荷受問屋はどこもが構えていた。日記などによると、志士たちは、表玄関ばかりでなく、時には人目をはばかるようにこの門をくぐった。

白石邸に続く幕末ごろの浜門。多くの志士が、この門を通った（個人蔵・下関市立歴史博物館寄託）

白石邸の浜門。現在は山口県下関市の長府地区に移築されている

白石邸の母屋と浜門は現在、下関市長府松小田本町《まつおだほんまち》のJR長府駅に近い住宅街に移築されている。今は海に面していないが、浜門をくぐると、一気に幕末にタイムスリップしたような気がした。数年前、家主の好意で屋内に案内されたが、母屋には、畳廊下やご座間、床の間に作られた抜け道などが残されており、正一郎と志士たちの緊張した日々が生々しく感じられた。

志士たちがくぐった浜門は、明治維新に通じる扉で、維新に向けたうねりは、ペリー来航から四年が経った安政四年十一月十二日、一人の男がこの門をくぐるところから始まる。そして、同時に、正一郎自身、国際化、グローバル化のなかで、いかに日本の伝統文化を守りながら、門戸を開放するか、新しい国造りの波に巻き込まれることになる。

第一章　西郷隆盛

歴史を変えた西郷との出会い

ペリー来航から四年目の安政四（一八五七）年十一月十二日夜、長門国豊浦郡竹崎浦の船場に、二人の男を乗せた一艘《いっそう》の苫船《とまぶね》が着いた。現在の山口県下関市だ。一人は、身長が六尺（約百八十二センチ）近く、体重も三十貫《かん》（百十二・五キロ）はありそうな巨軀《きょく》で、小さな船がいっそう窮屈そうだ。

船場には帆を下ろした荷舟や艀《はしけ》船が十艘以上とまっており、遠くには千石船も見える。二人のほかにはこれといって人影はなかった。苫船は筑前国《ちくぜんのくに》（現在の福岡県）黒崎から洞海湾を経て引島（現在の彦島）を廻り、大瀬戸から下関海峡（関門海峡）を遡ってきた。大瀬戸は、豊前国《ぶぜんのくに》小倉と引島の間にある水道で、下関海峡の西口にあたる。

船場から十数段の緩やかな石段が一軒の屋敷の浜門に続いている。二人は薄い月明かりを受け影を踏みながら石段を上っていった。向かったのは老舗の荷受問屋「小倉屋」だった。瓦葺の浜門の両脇には土塀が続き、屋敷の庭から大きな松の枝が、浜門を越えて張り

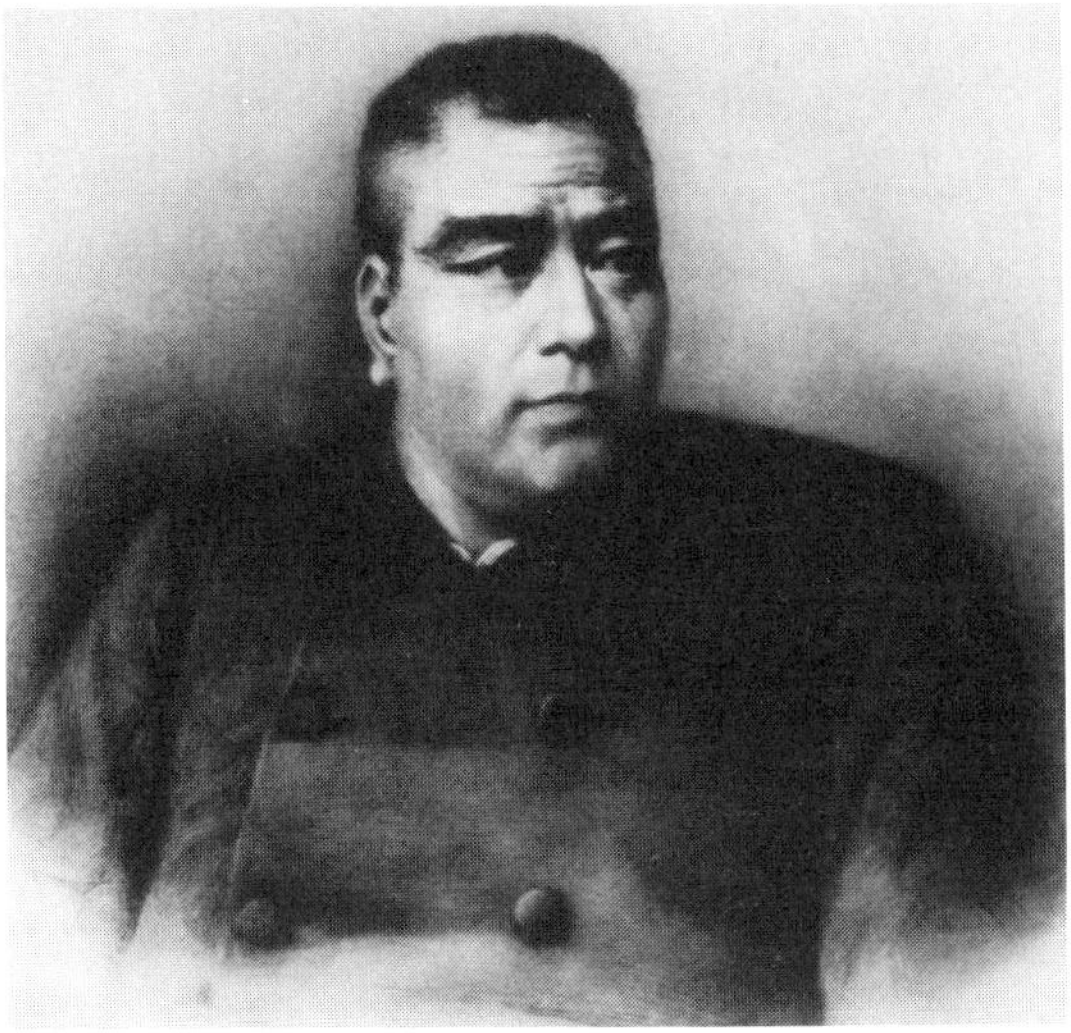

西郷隆盛の肖像画（キヨソネ筆、鹿児島県歴史・美術センター黎明館蔵）

出している。土蔵は、敷地内を守る城壁のようだ。

巨軀の男は、薩摩藩士の西郷吉兵衛（のちの隆盛）で、同行しているのは薩摩の商人、米良《めら》喜之介だった。二人は薩摩から江戸に向う途中、ある任務を胸に立ち寄った。隣接する赤間関にある薩摩藩の本陣に寄ることもなく、しかも夜、人知れず浜門から小倉屋を目指した。

二人の目的は、小倉屋八代目当主の白石正一郎に面会することだった。

乗ってきた苫船が引島の島影に消えるのを待って、二人は周囲をはばかるように浜門の木戸口を押し開けた。庭には羽振りの良い木が生い茂り、手入れが行き届いている。その奥に母屋の灯りが見える。

西郷が木戸口を後ろ手に閉めたとき、母屋の陰から一人の男が、袴の前を蹴りながら、飛び出してきた。

「吉之助（吉兵衛）さ～！」

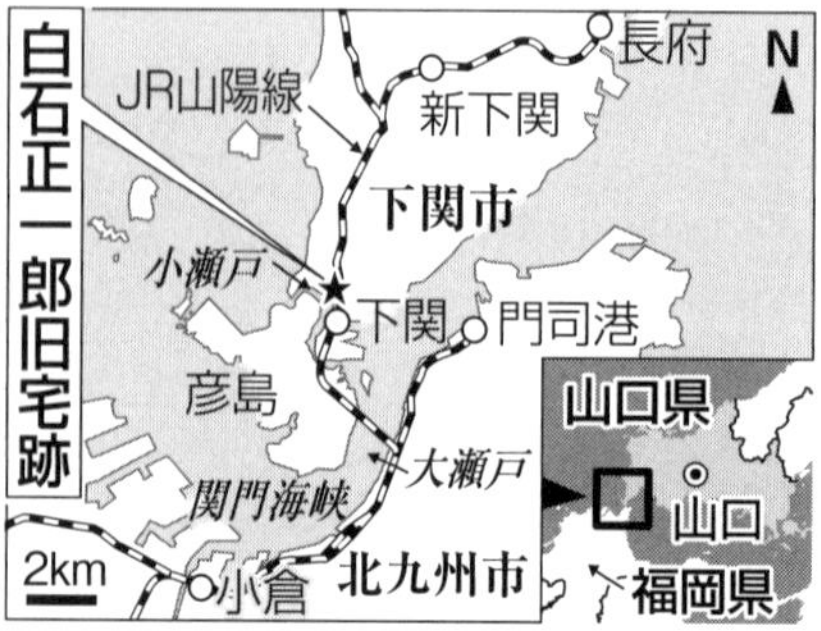

「おぉ、工藤どん。おやっとさあ」
男は、すでに酒が入っているようで、赤ら顔でまくし立てた。
「吉之助さ～、ご無沙汰しておりもうす。長旅、おやっとさんでございもした。米良どんも息災のご様子、なによりでごわす。白石殿もお待ちかねでございも」
工藤とは工藤左門《さもん》（のちの藤井良節《りょうせつ》）だ。本名は井上出雲《いずも》守《のかみ》だが、薩摩藩で跡継ぎをめぐって起きた「お由羅《ゆら》騒動」がきっかけで、工藤左門と変名して筑前福岡藩に脱藩していた。この日は、西郷に正一郎を紹介するため、一足早く小倉屋に着いていた。

白石正一郎邸の間取り（著者作成）

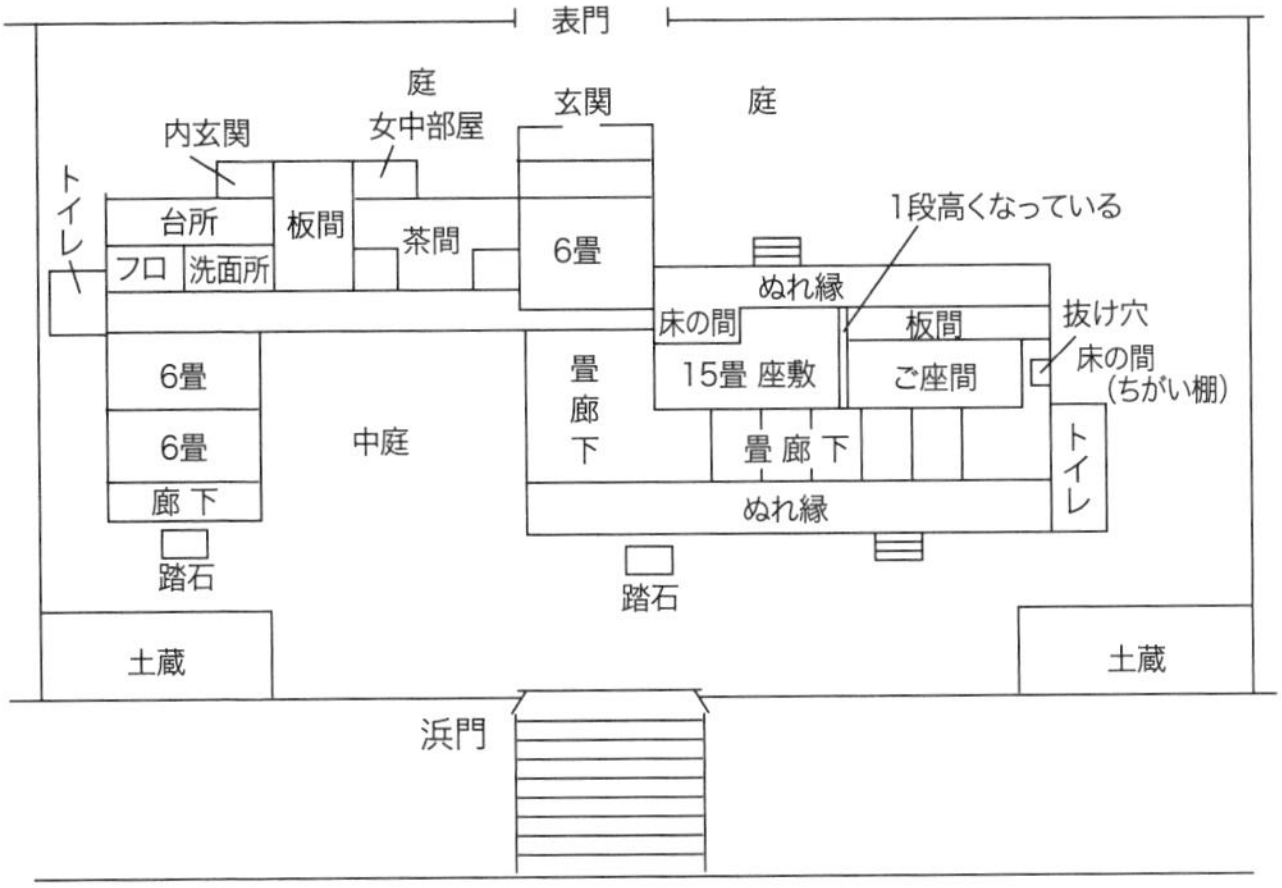

三人が庭を抜け表玄関に回ると、小柄な男が笑みを浮かべながら二人の到着を待っていた。玄関に続く前栽には、菊や山茶花が咲き誇っている。

「ごめんやったもんせ。西郷吉兵衛ちいいもす。これも、同じく薩摩藩の米良喜之介でごわす。お世話をかけもす」

「白石正一郎でございます。お待ちしておりました。お疲れでございましょう」

西郷は、笠を脱ぎ、顔をほころばせて、頭を下げた。正一郎が初めて見る西郷は、大きなからだに太い眉、よく光る大きな眼が印象的だった。

《まるで、仁王様のようだ。しかも、巨眼で、真っ黒に澄み切って、よく耀《かがや》く目でいらっ

しゃる》

体格がよく六尺近い西郷に対して、正一郎は五尺余りでやせ型。西郷の肩あたりまでしかない。顔は面長で、すべてが対照的だった。正一郎は何度もその偉軀を眺めた。

この時、西郷は二十九歳、正一郎は四十五歳だった。

史料や文献、白石家関係者の証言などを参考に、正一郎と西郷との初対面を再現すると、こんなやり取りが想像できる。

正一郎は、『白石家文書』に収録されている『白石正一郎日記』（日記中摘要）に勤王の志士との交わりを細かく書き残しているが、この日の日記には、

〈工藤左門入来同夜薩藩西郷吉兵衛米良何某工藤周旋にて来り各一宿翌十三日夕方西郷米良乗船江戸へゆく工藤は滞在同十六日帰筑〉

とある。

再現を続ける。

「さぁさぁ、こちらへ」

正一郎は二人にすすぎをさせると、六畳の客間に招き入れた。浜門に近い海側の部屋で、板壁の格子窓を通して波の音が聞える。床の間の花入れには、西郷らを迎えるように色とりどりの菊が見事に活けられている。西郷の目がその奥の掛け軸をとらえた。

春雪　　重胤《しげたね》
天原かすみかねたる空みれば
　晴て嵐はゆきけなりけり

「重胤先生の書ではごわはんか。さすがの筆でございもすなあ」

西郷は声を出して読み下すと、光る目で正一郎を見た。正一郎は、客間に入らず、襖の際に背筋を伸ばして座り、膝に手を置き西郷を見上げていた。

重胤とは、平田篤胤《あつたね》や本居宣長《もとおりのりなが》の流れをくむ国学者、鈴木重胤のことだ。正一郎は商人であると同時に、重胤の愛弟子でもあった。重胤は、伝統を重んじ、各地で神道を説いていたが、尊王敬神の精神に溢れ、薫陶を受けるものが多く、正一郎もその一人だった。

この日の西郷と正一郎の面会は、重胤の縁だった。「お由羅騒動」で、竹内五百都《いおつ》と変名して工藤と一緒に脱藩した竹内伴右衛門（のちの葛城《かつらぎ》彦一）が重胤の門下生で、正一郎とは武士と商人の垣根を越えた親交を結んでいた。この日、工藤が西郷を正一郎に引き合わせることになったのも、元はと言えば、竹内の紹介で工藤と正一郎が知り合っていたからだ。

「じゃどん、白石殿は、いつごろから、国学を学ばれたとです。いきなり目覚めたとですか」

「はい、幼い頃より、両親の影響で古今集などの和歌に親しんでおりました。それに源氏物語や伊勢物語、平家物語なども読んでいましたが、国学というものに関心を持ちましたのは二十代のころで、筑前国の伊藤常足先生にお目にかかったのがきっかけでございます。その後、鈴木先生と出会い、人生が変わりました」

「伊藤先生とは国学者の伊藤先生でごわすか」

「さようでございます。伊藤先生はその頃、頻繁に赤間関にお見えになっていました。赤間関や芦屋、植木、黒崎などに教授所を作られたのです。私も入門して、歌詠みのご指導を受けました。鈴木先生は、私どもと同じ文化九年生まれで、同じ年なのに、私は先生のお話を聞いているうちに、先生の学問と思想に心酔してしまいました」

人生を変えた鈴木重胤《しげたね》

小倉屋は系図などによると、承応年間頃、新興商人の白石作之進（作兵衛）が九州の小倉から移り住んで興した店だ。竹崎浦周辺には、商利を求めて藩内外から多くの新興商人が移り住んだが、作之進もその一人で、清末藩から竹崎浦の大年寄に任ぜられていた。

小倉屋は商家として順調に発展し、正一郎の父で七代目当主の卯兵衛《うへえ》も業績を伸ばした。卯兵衛は、八男二女をもうけたが、長男の正一郎、六男の廉作《れんさく》、七男の伝七以外は夭逝《ようせい》。正一郎は、嘉永三（一八五〇）年、家督と竹崎浦の大年寄株を譲られ、当主になっていた。

卯兵衛は家業と同時に、『万葉集』や『源氏物語』、『伊勢物語』、『平家物語』などの読書に励み、書を習って飽きることはなく、広い教養を身に付け、文人墨客《ぶんじんぼっかく》を愛した人物だった。

正一郎は晩年、両親の歌集を編集し、父親の『松籟居《しょうらいきょ》歌集』には四百四十首、母親の『千年集』には五百二十三首もの歌が収められている。自身の歌集『松のおち葉』も編集し、八百四十三首を収めたが、中には『万葉集』巻第一の「巨勢山《こせやま》のつらつら椿つらつらに見つつ思《しの》（偲）はな巨勢の春野を」（坂門人足《さかとのひとたり》）を参考に詠んだと思われる「我やとのつらつら椿つらつらに見つつ時をもうつしつるかな」などが収録され、『古事記』や『万葉集』を深く読み込んでいることがうかがえる。このほか、『白石正一郎日記』には、藤田東湖や平田篤胤、宇田川榛斎らの書名も登場し、広範囲な読書量を象徴している。

正一郎は教養のある両親から、豊かな文学的才能を受け継いでいた。

正一郎が初めて重胤と出会ったのは嘉永七年（一八五四）年八月三日だった。重胤は、筑前国の宗像神社を参詣した後、萩《はぎ》の国学者、近藤芳樹の紹介で白石邸に止宿、十六日まで滞在した。重胤は白石邸に滞在中のことを、出羽国庄内の門人、大滝光憲に手紙でこう伝えている。

「当三日下関へ着き、竹崎白石資興方滞留、サツマ人大和魂の人居合はせ、毎日講尺いたし、明後十六日出立、江戸へかへり申候」

「サツマ人」が誰かは不明だが、重胤は白石邸に滞在中、神事に終始し、毎日、正一郎や正一郎の両親、小倉屋の奉公人らに講和を行なっていたようだ。重胤の講釈はわかりやすく、近所の住民が顔を出すこともあった。

重胤は『日本書紀伝』第五巻の中で、幕府がこの年の三月三日、前年に続いて黒船七隻を率いて来航したペリーの威嚇に押されて日米和親条約（神奈川条約）に調印、開国に向けて動き出したことについて次のように憤っている。

「嘉永七年甲寅の年二月七日よりこれを始む。時に墨夷の騒動、幕府の薄弱、実にこれ未曾有の珍事なり。こゝに於いて予が志ますます固くして、日夜怠ること無く、戦々競々、以て上は朝廷のために、下は万世のために、この書を綴りて、いさゝか夷賊《いぞく》を鏖《みなごろし》にし奸吏《かんり》を屠《ほふ》るの役に充てんと、しか云ふ。即ち四月六日なり」

白石邸でも、徹底した尊王敬神の精神と時勢への慷慨《こうがい》を訴えたことは想像に難くない。長年、正一郎を研究してきた元下関市立図書館長で歴史家の中原雅夫氏は自著『幕末の豪商志士　白石正一郎』で、「（重胤が）はっきり幕府否定の考えを持っていたことは正一郎にも当然、強い影響を与えた」と述べている。

子供の頃から両親の薫陶を受け、和歌や国学の素地があったとはいえ、敬虔《けいけん》に神を祀《まつ》り、社会情勢を憂う重胤の言動は、正一郎によほど強烈な感銘と衝撃を与えたのだろう。重胤が白石邸を出立する前日の十五日にはさっそく入門し、重胤からこのように書かれた紙本墨書を受け取っている。

長門国豊浦郡竹崎浦
入門受業　白石正一郎越智資興
嘉永七寅年八月十五日　當寅　四拾三歳

「入門受業証」だ。さらに、『白石家文書』に収容されている『祖先年表』には、「開祖以来之霊位安政二年十二月東都向島小梅住居鈴木勝左衛門穂積ノ重胤大人資風《すけかぜ》が学の親也之吹挙にて神祇伯王白川殿え願上悉神霊ニ祭祀ス」と記しており、入門するだけでなく、翌安政二（一八五五）年十二月には、白石家の宗旨を仏教から神道に変えている。重胤については「資風が学の親也」と記し、重胤への傾倒がひとかたならぬものであったことが伝わってくる。

重胤はその後、文久三（一八六三）年八月十五日、暴徒に襲われて五十一歳の生涯を終えるまで、安政五（一八五八）年、万延元（一八六〇）年、文久二（一八六二）年と三度、宗像神社に参詣し、その都度、白石邸に立ち寄っている。師弟の交流も密だったのだろう。重胤の講義と並行して敬虔《けいけん》に神を祀る姿から、正一郎の天皇と伝統に対する自覚が不動のものとなっていったことは十分に想像できる。

正一郎を研究している下関市立歴史博物館の前館長、町田一仁氏は、

「正一郎は重胤に出会ったことで、尊王敬神の精神を体系的に学ぶとともに、国家のあり様に対する眼を養った」

と推測し、

「のちに尊皇攘夷運動に身を投じる思想的基盤ができ上がるとともに、重胤を通じて西南諸藩の同門の人々とも知り合い、その後の諸活動を行う上での人脈を得た」

と分析する。

深い思想を持った正一郎と西郷との白石邸での出会い。この出会いが、正一郎を歴史を変える一人の仕掛け人に育て上げ、維新という歴史のページを開けていくことになる。

文化を変えた下関海峡

正一郎は大の酒好きだったようで、日記には〈何某来訪一酌〉〈夜ニ入大飲〉〈終日酒宴〉

……という文字が頻繁に出てくる。一日に二～三回、酒を飲むこともたびたびあった。西郷に会った頃は、まだ、それほどでもないが、年を追うごとに酒量は増え、奇兵隊が来訪し始めた文久三（一八六三）年以降は、連日のように酒宴を開いては、深夜に及ぶことも頻繁にあった。盟友となった高杉晋作は、慶応二（一八六六）年九月二十八日付の手紙で、「老大に八日々御酒狂荊の世中を御渡被成候わむと奉想像候」と、正一郎の酒豪ぶりを書いている。

『白石家文書』に収録されている日記などには清酒やどぶろくなどの酒のほか、肉類や野菜類、穀物類、海の幸、菓子類など二百種類近い食品名が登場、酒のつまみとしては「ふく」「スッポン」「ウナギ」「鶴の肉」「そば」が多く、白石家の食卓の賑やかさをうかがわせる。薬用品として、時鳥の黒焼きや熊の胃肝、糸爪の水なども登場する。西郷は酒が飲めなかったとされるが、西郷と初めて会ったこの夜も、米良や工藤らと盛大な酒宴になったのだろう。

西郷が、なぜ下関の正一郎に会いに来たのかは、日記に記されていない。

西郷は当時、薩摩藩主、島津斉彬《なりあきら》の強い信頼を得て、徒目付《かちめつけ》（諸役人の執務内偵などを行なう役職）兼庭方《にわかた》（同藩の新設ポストで表向きは庭園整備）の立場で斉彬の手足として極秘裏に情報収集と地下工作活動を展開していた。白石邸に立ち寄った際も、斉彬の密命を帯び江戸へ向かう途中で、越前福井藩主、松平慶永《よしなが》（春嶽《しゅんがく》）への密書を自らに忍ばせていた。

西郷が背負っていた任務から、多くの歴史研究家は、

「西郷は、薩摩藩の中央進出の足がかりにするため、斉彬から下関に拠点を作る命を受けていたとみられる」

と指摘する。

正一郎が西郷と面会する四年前、ペリーが初めて来航し開国を求めたことで、幕府の屋台骨は揺らいでいた。斉彬は、防備力のない日本が列強の侵入を許せば、たちまち植民地にされてしまうと危惧し、富国強兵を最優先にした方策を錬っていた。

方策の一つは、十三代将軍、家定《いえさだ》に自分の養女を入輿《じゅよ》させて将軍の岳父となり、幕府に対して強い発言力を持つ。もう一つは、強硬な攘夷論者で水戸藩第九代藩主、徳川斉昭《なりあき》の第七子で、一橋家の養子に入っている慶喜《よしのぶ》を家定の後継者にし政務を摂行させる。その上で、幕府と朝廷の親和を図る——だった。

斉彬はこれらの策に次々と取りかかった。

ただ、将軍継嗣《けいし》問題は、慶喜を後継者にたてて幕政を改革し、国内を一本にまとめるの

が急務だと考える斉彬ら幕府改革派と紀州藩主、徳川慶福《よしとみ》（のちの十四代将軍、家茂《いえもち》）を推す保守派の譜代《ふだい》勢力が対立。幕府改革と幕藩体制支持という二派の対立は将軍継嗣問題で緊張感を高め、そこに海外からの圧力も加わり、内政問題と外交問題が重なり政局は展開していた。

国家の立て直しを計る斉彬は、正一郎が住む竹崎浦に近い赤間関（下関）に強い関心を寄せていた。

海上交通が盛んだった江戸期、日本海と瀬戸内海をつなぐ下関海峡は西日本の物資流通の大動脈で、赤間関は瀬戸内海航路と西海航路、北前航路の中継地点としてにぎわい、「常々他国者不絶入込候所柄」と言われるほど、人やモノ、情報が集散する場所へと大きく発展していた。

島津家文書によると、斉彬は、

「公儀《こうぎ》が下ノ関を長州の領分に与えたるは拙策なり。公儀は今の世振を考ふるに長崎其他九州の諸所に少しづつの公領あらんよりは下ノ関、小倉の二カ所は公領とし、取締をなさば、咽《のど》を占める訳にて、九州の諸大名は進退動くこと難き場所なり」

と述べている。

幕府が海峡を挟んだ下関と小倉を公領とし、九州の諸大名を取り締まれば、喉を締めるようなもので、われらは進退の自由を失うところだった――という意味で、斉彬が下関と関門海峡の重要性を十分認識していたことが分かる。

正一郎は日記に西郷との会話の内容を書き残していないため、この夜、二人がどんな話をしたのかは分からない。ただ、西郷の使命を考えると、こんなやり取りが想像できる。

「白石殿、おいは、赤間関は不案内じゃっどん、人の出入りが激しかところだと聞いちょりますが……」

「はい。長州は、瀬戸内海から下関海峡、そして日本海に面する長い海岸線に囲まれております。海運の便がよく、ご存じの通り、東廻航路、南海航路、西海航路、瀬戸内海航路、それに、北前航路がありますが、赤間関は、瀬戸内海航路と西海航路、北前航路の中継地点にあたります。それに、山陽道の陸運でも賑わいますから、全国各地からたくさんの物が集まります。伊予国《いよのくに》や筑後国《ちくごのくに》、筑前国、肥後国《ひごのくに》、肥前国《ひぜんのくに》、日向国《ひゅうがのくに》から大坂や江戸に行くときは、小倉から船で下関海峡を横断して赤間関に入り、赤間関から瀬戸内海に沿って山陽道を行くか、北前船に便乗して大坂まで行きます。筑後国や筑前国などの御大名も参勤交代でお通りになります」

「赤間関は人の通過点にもなっちょっとな」

「諸大名が大坂に蔵屋敷を持ったことで、船の往来が盛んになり、人が集まり、竹崎浦はあっという間に商人の町になりました。人の交流はさかんで、ここにおりますと、江戸や京、大坂のことはほとんど分かります。早舟だと、大坂から赤間関までは四、五日で来られますから、色んな情報が早く入って来ます。おぼろげながら世の中が動いているのを感じます」

頭の中で地図をなぞりながら正一郎の話に聞き入る西郷の姿が浮かぶ。

「確かに下関の活況ぶりは、江戸でも知れ渡っておりもした。近松門左衛門の『博多小女郎枕』には、赤間関の盛況ぶりが描かれちょりますし、港の風景が広重の浮世絵にもなって売り出されちょっと。だが今、白石殿のお話を聞いて、おいの想像以上に人や物の交流があることを知りもした。物が動いて人も動くところには、情報も集まってござろう。確か、朝鮮通信使も赤間関に立ち寄ったと聞きもうしたが……」

「はい。父の話では、通信使は釜山から船で対馬に渡り、対馬から壱岐を通って赤間関に入り、赤間関からは瀬戸内海を上って大坂まで行き、大坂から東海道で江戸を目指したようです。一行は四百人から五百人という大人数で、時には、十日間も赤間関に滞在することがあったようです。通信使には文人や知識人もいましたから、近郷の学者や文人が集まり、筆談で意見交換したと聞いております。人が集まると、経済だけでなく、文化も発展するのですね」

「朝鮮との文化交流の場でもありもうしたか」

「それから、私が十四、五歳の時、ドイツ人医学者のシーボルト先生がオランダ商館長の江戸参府一行と一緒に赤間関にお見えになりました。子供でしたが、その時のことはよく覚えております。日本人の蘭方医が大勢押し寄せて、教えを乞うていたのには驚きました」

シーボルトは文政九（一八二六）年一月、小倉から下関海峡を船で横断して赤間関に入り、八日間滞在しているが、旅行記『江戸参府紀行』（斉藤信訳）で下関海峡の様子を次のように書き綴っている。

「小さい舟島の側を通り過ぎると、視界がひらけ、豊前《ぶぜん》の海岸は長門の海岸や引島といわばひとつになって、すばらしいパノラマを見せる。（中略）小さなグループでわれわれは西鍋町・入江町・西細江町それから豊前町を通り、竹崎の海岸通りにある税関の近くで休んだ。われわれの眼前には引島や舟島や豊前の海岸を望む景色がひらけていた。そこには小さい商船が錨を降ろしていて、波止場では人が荷物の積降しに忙しげに立ち働いていた。（中略）下関商業の貨物の集散地である。

下関は日本における最も繁栄している中位の海港のひとつで、長門周防藩が九州との国内貿易をする中心地であり、船の出入りがたいへん多く活況を呈している土地である」

シーボルトは自著に、下関海峡の景観や竹崎浦から見た赤間関などのスケッチも載せているが、そこには帆を張った船が何艘も停泊する様子が描かれ、当時の盛況ぶりがよく分かる。シーボルトは、後年、日本地図を不法に入手したとして国外追放されるが、下関海峡の重要性に早々に気づいていた一人かもしれない。

斉彬から拠点作りの命を受けていた西郷が、地理的に優れた下関をその拠点に即決したことは想像に難くない。

白熱する西郷・白石会談

安政四（一八五七）年十一月十二日から十三日にかけて、夜を徹しての西郷吉兵衛と白石正一郎の会談は白熱した。

「幕府はアメリカやエゲレスと和親条約を結びもうしたが、次は必ず、貿易を始めるという話になっじゃろう。じゃっで、その時のために、力をつけておかんとならん。太守様《たいしゅ》（薩摩藩主、島津斉彬）は、日本を強国にすることが急務だと考え、特に、海防強化を急がんといかんと思っておられもうす」

西郷は、嘉永七（一八五四）年に交わされた日米和親条約や日英和親条約などを挙げ、日本が置かれた状況を説明したのは想像できる。西郷の言葉は穏やかだが、国内動乱を予言しているようでもあっただろう。鈴木重胤に師事していた正一郎が「予想もしなかった時代の波が押し寄せてきている。それも、いつ、どのようにひっくり返るか分からない」などと、心が奮い立つのを抑えられなかったとしても不自然ではない。

ただ、西郷の言葉に国士として目覚めた面がある一方で、この頃の正一郎には、「自分は商人で、白石家の主として小倉屋を繁盛させる大事な役目がある」という強い思いもあったようだ。それは、会談で浮き彫りになった。白熱した会談は、薩摩藩の拠点を下関に置くという話にとどまらず、商売の話まで広がったのである。商売の話は、のちに白石邸が薩長同盟を画策する場になるきっかけともなるが、史料や参考文献から、会談の中で商売の話が出た様子を想像してみる。

「ところで、吉之助さぁ、実は、吉之助さんが来る前に白石殿と話をしていたのだが、薩摩の藍玉《あいだま》（藍の葉からつくられる染料）を長州に売ることはできもはんか」

会談に同席していた元薩摩藩士の工藤左門が西郷に問いかけた。

「どういうことでごわすか」

西郷の問いに、正一郎が話し出した。

「私どものような新興商人は、北前交易を行う問屋株を持てません。運ばれてきた荷物を受け取る仕事しかできないのでございます。私どもでは、米、タバコ、反物、酒、茶、塩、木材などを扱っておりますが、薩摩さまの藍玉を私どもの小倉屋で取引させて頂けないかと思い、工藤さまにご相談させていただいたのでございます。売り先は長州さまです。藍玉はこれまで、阿波商人から買っていたのですが、彼らのやり方がどうしても納得できませんで」

「吉之助さぁ、いけんですか？　この藍玉の取引をきっかけに、小倉屋が薩摩藩御用達《ごようたし》になれば、薩摩と長州の交易を一手に引き受けられるようになりもす。そうなれば、交易を通して、薩摩と長州の間で、物だけでなく、人と情報の交流もできもす」

当時、瀬戸内海、西海、北前の三つの航路の中で、最も赤間関に影響を与えたのは、北前航路だった。北前航路の北前船は、『和漢船用集』によると、千石（約百五十トン）以上の大型の木造帆船で、越前や加賀能登、越中、越後、出羽、陸奥などで買い集めた物資を、日本海を下り、下関海峡、瀬戸内海を通って大坂まで運んだ。物資は、米や大豆、海産物、肥料、木材、漆器、紅花、北海道産のニシン〆粕やイワシ〆粕、白子、数の子、昆布、ニシン、身欠きニシン、ボウダラ……と、多岐にわたり、大坂や兵庫などで塩や茶、木綿、むしろ、酒、紙、綿、砂糖、藍、荒物などを仕入れては、赤間関や山陰、北陸、東北、松前などに運んだ。

出船千艘入船千艘のにぎわいをみせ、物資の集散地となった赤間関からはさらに、九州や四国方面に地廻り船が出て、それが西海航路と直結し、長崎—下関—大坂の航路で、薩摩の黒糖や日向の薪炭、長崎の舶来物などが流通した。

だが、荷受問屋の小倉屋は、新興商人の扱いで、北前船などの大がかりな廻船交易は認可されなかった。そのため、正一郎は藩際交易（藩と藩との交易）に商機を見いだそうとしていた矢先、工藤から、薩摩藩が藍玉の売り先を求めていることを聞き、自分が仲介役になり、長州藩へ売込もうと画策したのだ。

藩際交易が実現すれば、物や人の交流だけではなく各藩の情報収集にもつながる。西郷は瞬時に藩際交易の持つ意味を理解したのだろう。

正一郎の要望に応え、翌十一月十三日に出した薩摩藩の御家老座奥掛書役、市来《いちき》正之《しょうの》丞《じょう》宛ての手紙に西郷は、正一郎が西郷に藍玉交易を相談した理由や、薩摩との交易を一手に引き受ける御用達になりたいという正一郎の思いなどを綴った上で、「このようなこと（推薦すること）を好まないが、お国のためになる人物だ」「人物も確かな者で疑いようもない」と推挙している。

ただ、西郷が正一郎の申し出を快く引き受け、推薦状を書いたのは、単に正一郎に惹かれたからだけではなかった。薩摩の藍は、阿波藍に比べると品質が劣り、そのためにできた滞貨の処分に苦心していたのだ。木綿織出の多いわりには藍玉製造の少ない長州藩は、藍玉を売り込むには願ってもない市場だった。正一郎が薩長交易を西郷に申し入れたのは、正一郎の計算もあったが、薩摩藩にとっても願ってもないことだったといえる。

西郷は、将軍継嗣問題で斉彬から内命を受け、江戸で多忙な工作活動を続けていた安政五（一八五八）年一月二十九日、市来正之丞に、

「下の関より一封差上置候処相届候哉、何にも御返事不二申参一候付、一先御尋申上候、村上銀右衛門え相託置候付、定て間違は無レ之筈と奉レ存候、藍玉一件の儀にて、長防の間え振向候手段委敷申上越候間、最早相達候儀と相考申候得ば御勘考可レ被レ下候」

と、手紙を書いている。

西郷の薩長交易にかける期待はよほど大きかったのだろう。

西郷は初対面の正一郎と夜を徹して話をし、結果、全幅の信頼を置いた。

それを証明する手紙がある。西郷が面会翌日の安政四年十一月十三日、市来正之丞宛てに出した手紙だ。

「工藤士懇意の清洲人白石正一郎と申者所え前夜より参、段々及論議候處右正一郎は全躰《ぜんたい》温和の質にて和学を好、至《いたっ》て清直の者故談話も面白く一晝夜相話候處中々風儀雅品にて四天王の輩篤く精忠を感、叮嚀《ていねい》の者と相見得申候」

西郷は、正一郎について「全躰温和の質」「和学（国学、日本古来の歴史や文学の学問）を好」「至て清直」「談話も面白く」「風儀雅品」と最大級のほめ言葉を書き連ねた。さらに、「お由羅騒動」で脱藩した「四天王」と呼ばれる工藤左門、北条右門《うもん》、洋中《わたなか》藻平《もへい》、竹内五百都らと同じように「精忠（私心のない忠誠）の人物である」と綴っている。いかに、正一郎を評価し、信頼を寄せていたかが分かる。

対する正一郎はどう感じたのか。西郷の国を憂う思いは、正一郎の胸の奥にあった国を想う気持ちに火をつけたようだ。この日以降の日記には、陰に陽に薩摩や長州など幕府改革派の志士たちと交流を持ち、支援する姿が詳細に綴られるようになる。

この日の二人の出会いは、本州はずれの一商人だった正一郎の立ち位置を方向づけ、明治維新の激流に向かわせることになる。

正一郎には、国士であり、かつ交易を操る人物のモデルがいた。元若狭国《わかさのくに》小浜《おばま》藩士で尊皇攘夷の思想家、実業家でもある梅田雲浜《うんぴん》だ。

『白石正一郎日記』（日記中摘要）は、西郷が白石邸を訪ねる二カ月前の安政四年九月十二日に始まっており、そこには、

〈若州小浜藩行方《なめかた》仙三郎来訪在筑の薩人竹内五百都より添書持参一宿為致候肥後横井平四郎へゆき帰洛のよし也廉作《れんさく》相対為致同十五日迄滞留〉

とある。

この行方との出会いは、商人・正一郎の目を覚ました。

行方は若狭国小浜藩士で、梅田雲浜の弟子。当時、肥後熊本で私塾を開いていた儒学者、横井平四郎（小楠）を訪ねて京に戻る途中、正一郎と同じく、国学者、鈴木重胤の門下生で、薩摩藩を脱藩した竹内五百都の紹介状を持って訪ねてきた。雲浜の言葉を伝えるのが目的だった。ちなみに、「廉作」は、正一郎の弟で、のちに正一郎とともに奇兵隊に入隊する。

雲浜は嘉永六（一八五三）年六月にペリーが来航すると尊皇攘夷運動の中心になり、全国に名を馳せていた。その翌年九月、ロシア艦隊が大坂湾に侵入した際には、

妻は病床に臥し児は飢に叫ぶ
身を挺して直ちに戎夷に当らんと欲す
今朝死別と生別と
唯皇天后土の知るあり

と、窮乏状態にありながらも国を憂う強い思いを詠み込んだ詩『訣別《けつべつ》』で、尊攘志士たちの心を強く捉えていた。後に起きる「安政の大獄《たいごく》」は雲浜の逮捕で始まり、雲浜は獄死する。

雲浜は尊攘志士という顔のほかに、「士にして商を兼ねる」という商人の顔も持っていた。交易は諸藩の志士と連絡を取る最も効果的な手段で、情報と資金をも得られると考えたのだ。

諸藩との物産交易に乗り出した雲浜は、博多で北条から小倉屋のことを聞き、正一郎への関心を強めた。行方が白石家を訪ねたのは、雲浜が計画している交易網に正一郎を誘うためだった。雲浜の他藩との交易構想に、正一郎が刺激され心を躍らせたのは想像できる。

そのわずか二カ月後、西郷と出会い、薩摩藩との交易が現実味を帯びてきたのだ。正一郎は、自分を雲浜に重ねていたのだろう。

野望と挫折

西郷との会談の翌年、安政五（一八五八）年一月、正一郎は、西郷が市来正之丞宛てに出した推薦状を頼りに弟の廉作を薩摩に向かわせている。この年の正一郎の日記は、薩長交易に関するものが多く、薩摩との藩間交易実現に向けて精力的に動いている。

正一郎にすれば、西郷に推薦状を書いてもらい道筋をつけた交易計画。許可されることを疑う理由はなかった。薩摩産の藍玉と長州産の木綿を中核とした藩際交易を実現しようと準備を進めた。

だが、正一郎が薩摩藩に乗り込み商談を始めると、話は違っていた。小倉屋は、長州藩（萩本藩）からすると孫藩である清末藩の商人だったため、薩長交易は、本藩の命を受けた御用商人が窓口となったのだ。

重要な藩際交易を本藩の御用商人が担当するのはやむを得ないこととはいえ、商談が不首尾に終わり、薩摩を離れた安政五年十一月十四日の日記には、長州藩側と薩摩藩側の立会人を名指しで批判している。

〈滞薩中いろ〳〵の艱難《かんなん》筆紙に尽しがたし仁牟礼及明石録兵衛などの大テンゲン困入候彼地の人情実ニ恐ルベシ加之《しかのみならず》中野の代中川源八郎などの如き只利ニ走る事のミにて薩長両国の御為筋ニハ少シモならぬ奸佞《かんねい》もの計《ばかり》にて予が滞在五十余日の内一日も心を安くせし事なし猶帰宅後中野半左ェ門へ追々付合候処同じく大奸物にて今に至るまで大造の損亡ニ相成候事偏半左衛門仁牟礼などの讒ゆゑの事とあまり残念なる事なれバ追て此自註を入置なり〉

明石録兵衛とは薩摩藩の御用商人で、仁牟礼は、明石の代理の薩摩の商人、仁牟礼佐兵衛。中野とは、萩本藩の命を受けた観農大庄屋、中野半左衛門で、中川は中野の代理人だ。「テンゲン」とは「うそつき」の意味で、仁牟礼と明石を「テンゲン」と厳しく評し、「中川は自分の利益だけを考えるだけで薩長両藩のためにはならない」と断じ、「滞在中一日も安心できなかった」「あまりに残念なる事」と記している。

正一郎はよほど悔しい思いをしたのだろう。この日、薩摩の藩外交易にかかわっていた商人の野本安右衛門と別れの杯を交わしているが、〈鹿児島出立今夕西田町にて野本安右ェ門仕構の別盃有之及大酔駕籠ニて夜中伊集院迄帰ル〉と、悔しさのあまりか泥酔したと記している。

小倉屋は西郷の仲立ちで描かれた道筋に従って薩摩藩との交易を始められるはずだった。ところが、予想に反して、横取りされてしまったのである。安政六（一八五九）年八月、薩摩藩と長州藩はそれぞれ下関に担当官を配して交易を始めたが、正一郎には何の沙汰もなかった。

正一郎の悔しさは想像を絶する。だが、白石邸に出入りしていた薩摩藩士や脱藩志士たちとの絆は途切れることなく、一層強くなった。その後、彼らの奔走で、小倉屋は薩長交易にかかわれるようになり、白石邸は、薩長同盟を生み出す舞台になっていく。

勤王僧・月照を匿《かくま》う

白石正一郎邸には幕末、薩摩藩関係者の来訪が続いた。正一郎と西郷が会談し、強い信頼関係を構築したたまものだ。西郷はその後も斉彬の命を受け、江戸や京で情報収集や工作活動を展開していた。この西郷の行動と連動するように、安政五（一八五八）年に入ると、白石邸には薩摩藩関係者の来訪が集中した。

『白石正一郎日記』によると、安政五年二月十三日から十八日まで、薩摩藩脱藩組で西郷が四天王と呼んだ志士のうち工藤左門と洋中藻洋の二人や薩摩藩士の井上弥八郎らが滞在、二十六日には、工藤の紹介で苫船新役の高崎善兵衛が訪れている。苫船は屋根を覆った船のことで、薩摩藩は天下の形勢を国許《くにもと》に報告するため、各港に係留していた。

三月二日には、薩摩藩士の毛利強兵衛が江戸に向かう途中立ち寄り、脱藩組の北条右門と洋中の二人と盃《さかずき》を交わしている。翌三日、弟の廉作に次男が生まれると、正一郎は洋中に名付けを頼み、その子は「春二郎」と名付けられた。北条と洋中は四日、筑前に帰ったが、二十日には工藤と井上が京からの帰途、立ち寄った。

四月四日には工藤が、十八日にはその工藤が薩摩藩士の福永新兵衛を連れて再び訪れ、二十一日には、西郷と親交のあった筑前の豪商で勤皇家の楠屋宗五郎が来訪、滞在中の工藤と盃を傾けている。

正一郎と薩摩藩とのつながりは、西郷との個人的な関係にとどまらず、薩摩藩という大きな組織とのつながりとなっていった。正一郎がただの問屋当主ではなく、国学者に師事する思想家の一面があったからだろう。白石邸で待ち合わせた薩摩藩士と元藩士たちは、盃を交わしつつ、天下の情勢について情報を交換、持論を戦わせていたものとみられる。

安政五年の『白石正一郎日記』は、そのほとんどが薩長交易に関するものばかりだが、正一郎が薩長交易の実現に向けて奔走している頃、日本は開国に向けて着実に動き出しており、江戸から遠く離れた下関の正一郎のもとにはさまざまな情報が届いていたようだ。

〈二月晦日《みそか》　大坂和田長兵衛より来書過ル十五日アメリカ幕へ登城の書付入組来る〉（大坂の和田長兵衛より手紙が来た。二月十五日に、アメリカが江戸へ登城の申し入れをしたようだ）

〈五月十七日　承ル江戸表弥夷船打攘ひの御手当有之由昨今肥筑はじめ九州へ士飛脚通行多しときく〉（江戸表では、異国船の打ち払いにお手当てが出るそうだ。昨今、肥前、筑前はじめ九州への士飛脚の通行が多いと聞く）

日記ではこの二日だけだが、政局に触れている。

安政五年は時代が急旋回した年でもあった。江戸幕府が勅許《ちょっきょ》（天皇の許可）を得ず米国やオランダ、ロシア、英国、フランスと修好通商条約を締結したことで、朝廷との関係が悪化。さらにその渦中に登場した彦根藩主、井伊《いい》直弼《なおすけ》が大老として政権を掌握すると、幕府は、将軍継嗣問題で紀州藩主、徳川慶福（第十四代将軍、家茂）支持に反対したものへの報復と、勅許なく条約を締結した幕府を指弾する尊皇の志士や公卿の排除に乗り出した。いわゆる「安政の大獄」だ。

西郷が尊皇攘夷派の名門公卿、近衛忠熙《このえただひろ》公を紹介して貰うなど、深い関係にあった勤皇派の僧、月照《げっしょう》も標的になった。幕府にとって、公卿の家に出入りし、勤皇志士との連絡役を果たしていた月照は危険人物だった。幕府の追及は厳しく、月照はたちまち窮地に陥った。

その月照が西郷に匿われることになり、この年の十月一日、北条と薩摩藩士の有村俊斎《しゅんさい》（のちの海江田信義）、下男の大槻重助と白石邸に身を寄せている。近衛家は最初、月照を匿っていたが幕府の密偵にかぎつけられ、近衛家にまで禍《わざわい》が及びそうになったため、西郷に匿ってほしいと頼んだのがきっかけだった。西郷が月照を匿う経緯は『白石家文書・補遺《ほい》』に収まる「日記草稿」に詳しい。ちなみに、正一郎は月照が白石邸に来た時、薩長交易の準備のため不在で、代わりに弟の廉作が応対し、正一郎自身、月照とは対面していない。後日、廉作らから聞いた話をまとめたのだろう。

日記草稿は、

〈十月朔日　是レヨリ先キ西京ノ僧月照皇運ノ挽回謀リ寝食ヲ忘レ尽力ス、安政五年八月老中間部下総守上京シテ諸司代酒井若狭守ト協議シ、在京勤王ノ諸有志ヲ探索シテ梅田源治郎・鵜飼幸吉等ヲ捕縛シ関東ニ送致ス、禍累殆ト忍向《にんこう》ニ及ハントス、而シテ忍向潜伏スル所ナク、依テ近衛忠凞（原文ママ）公ニ謀ル、公西郷吉兵衛ヲ召サレ、忍向ガ一身ヲ御依頼アリ、西郷異議ナク御受ス、既ニシテ有村俊斉ニ謀テ曰ク、南都ハ京ノ近傍潜伏心元ナシ、薩摩へ御下リ後図ヲ計ルニ若ズト、依テ事ノ由ヲ月照ニ告グ、月照笑テ承諾ス〉

で始まる。

忍向とは月照のこと。つまり、月照が潜伏する場所がなく、忠煕公が西郷に月照を匿ってほしいと依頼したというのだ。

日記草稿によると、西郷は、安政五年九月十一日未明、月照と下男の重助、それに有村を連れて京を出発。同月二十三日、大坂で、京から追いかけてきた北条右門と合流すると、薩摩を目指し、海路、赤間関（下関）に向かった。一行は八昼夜かかって十月一日、赤間関に着く。だが、月照を薩摩に連れて行くとすれば、藩の受け入れ態勢を整えなければならない。西郷は赤間関で、月照主従と有村、北条と別れ、月照の受け入れ態勢を整えるために薩摩に向かう。月照ら四人は、旅人らに顔を見られないようにと、北条の提案で西郷や北条が懇意にしていた白石邸に一時、身を隠すことになった。

日記草稿は続く。

〈……而シテ正一郎兼テ北条・西郷ト懇意に付、月照和尚並に僕重助倍従御同伴ニテ今日御来臨相成候、時ニ正一郎薩州へ行キ留守中ニ付、弟廉策（原文ママ）主任トナリ、万事秘密ヲ主トスルヲ以テ、本家ニテハ不用心ニ付、茶室ニ御潜伏被致、家内中晨食《しんしょく》ヲ忘レテ看護シ、翌二日出入者板や仁兵衛兄弟兼テ志シ篤キ者ナル故、同人ヲシテ豊前国赤坂迄ニ御送リ被致候、尤モ小倉大里等之渡海場ハ却テ悪シキガ故ニ赤坂ニ送候也（以下略）〉

本宅では「不用心」として茶室に匿った。「万事秘密ヲ主トスル」「晨食ヲ忘レテ看護シ」とあり、白石家がいかに月照一行をもてなし、身の安全確保に神経をすり減らしていたかが分かる。月照主従は十月二日、薩摩に向かって白石邸を後にしたが、廉作は信用できる船頭を雇い、人目を避けるように、一行を浜門から豊前国赤坂まで送らせている。

正一郎の弟、大庭伝七は「西郷君、忍向僧同行京都より西へ走る、馬関に到て其足跡を不見、実は白石へ止宿し、白石より船を筑前若松に向け渡航するが為め両人の足跡不見なり」と書いているが、〝指名手配〟の月照を追う幕府の追っ手は白石邸にも迫った。

月照が薩摩に向け白石邸を後にした二カ月後の十二月八日夕方、地元・竹崎の目明《めあか》し（諸役人の手先となって私的に犯罪捜査を行なう者）、榊屋仁作と京の目明し、中座甚介が訪ねて来た。ちょうど、正一郎が、薩長交易の参入に失敗、暗澹《あんたん》としていたころだ。

日記には、

〈竹崎目明仁作申来ル先達而御留主中京都の忍向と云僧の事ニて京都中座甚介御口書を乞ニ参候段申出候故程能をさまり候様頼置追而品もの差遣候〉

とある。忍向とは、繰り返すが月照のことで、月照が訪ねてこなかったかどうか調べに来たのだ。

翌九日には仁作と甚介、さらに、赤間関の目明し、松尾久吉もやって来た。正一郎はどうしたのか。九日の日記にはこうある。

〈中座甚介相対之義申参候故及相対候勝之介及下関目明松屋久吉目明仁作など同道ニて来ル甚介より博多帯地呉候ニ付大ニ馳走致しものなどとらせ候処凡無事ニをさまり口ニ相成致安心候〉

飲食させたりして目明しを懐柔し、事なきを得たというのだ。正一郎は、老獪《ろうかい》さを発揮、巧みな弁舌で目明かしをけむに巻いたのだろう。

「昨日も話した忍向だが、おたくに宿をとった形跡がある。包み隠さず話してもらおうか」

「昨日もお話ししました通り、私は商用で薩摩に行っておりまして、その忍向様というお坊様にはお目にかかったことはございません。留守番をしておりました弟の廉作も、そのようなお坊様は訪ねて来られなかった、と申しております」

「忍向らしい坊主が小倉屋に入るのを見たというものがおってな」

白石邸は、浜門とは反対側、つまり、内陸側には、道路に面した正式な門がある。浜門と比べるとそれほど大きくなく、大人一人がようやく通れるほどだ。両隣には、白石家が貸している長屋が連ね、広い通りを長屋に沿って右に向かうと、人家も多くそのまま市中につながり大歳《おおとし》神社に出るが、あとは畑と雑木林が広がっている。『白石正一郎日記』に登場する尊攘志士らの多くは、人目を避けて、正門を通らず浜門を利用していた。月照も浜門から出入りしており、他人に見られるはずがなかった。正一郎は、目撃者がいるという三人の言葉がうそだと見破ったに違いない。

「分かりました。もう一度、じっくりと思い出してみます。どうでしょう。それまでおあがりになってお休みください」

正一郎は言葉巧みに、客間に案内した。

「その忍向様が訪ねて来なかったかどうか、弟に確認したいと存じます。それまで、どうかごゆるりとお休みになってください。妻に酒肴の支度をさせます。お酒ならいくらでもございますから、ご遠慮なさらずに、どんどん、お飲みになってください。中座様は京からお見えになったそうで。美味しい魚も入っております。赤間関では今は、ふくが旬ですから召し上がってください」

正一郎は激しい盃の献酬で、三人を酔いつぶし、帰り際には、三人にこっそりと心づけを渡したのは想像がつく。日記からは、長い白いひげをなでながら眼を細め、包み込むような表情で三人に酒を振る舞い、警戒心を取り除く正一郎の姿が目に浮かぶ。

ところで、この年の八月上旬から、毎夕、酉の刻（午後六時）頃になると、西北の空に竹ぼうきを逆さに立てたような形の彗星《すいせい》が現れ、戌の刻（同八時）近くになるといったん隠れ、寅の刻（午前四時）になると、東北の空に再び現れた。世間は「悪い予兆だ」と騒いだ。長府藩の藩史『毛利家乗』にも「是秋、霍乱病流行、彗星西南に現る」とあり、正一郎も八月晦日の日記に

〈九月二日夜に入帰竹此節夜々北の方ニあたり白気たち彗星あらハるゝ事久し天変地妖幕

府の処置のわろきゆゑならんと人々云あへり〉（夜ごと、北の方に、白い尾を引いた彗星があらわれる。このような天変地妖があらわれるのは、幕府の政道が悪いからだ、と人々は言っている）

と記している。

まるでその後の安政の大獄に始まる桜田門外の変、そして攘夷戦争……と日本の行方を暗示するような一文だ。

《五十歳近くになって、これから時代の流れに飲み込まれるやもしれぬ。昨年、西郷様と初めてお目にかかり、身の回りが大きく動き始めた。時代の波に飲み込まれたとしても、それは天意によるものかもしれない。天意からは逃れる事は出来ない》

正一郎は、月照を探索に来た目明しを見送りながら、この年の八月に見上げた彗星を思い出し、西郷が予知した時代の変革が、足音を立てて近づいているのを感じていたのかもしれない。

第二章　維新前夜

尊攘志士・平野國臣の活動拠点に

小倉屋には白石正一郎を訪ねて、多くの勤王志士が足しげく通った。攘夷派として西郷らと親交を結んだ筑前国（福岡県）福岡藩士、平野次郎國臣《くにおみ》もその一人だった。

平野は、三人の目明しが、勤皇僧、月照の足取りを探りに白石邸を訪ねた三日後の安政五（一八五八）年十二月十二日、初めて小倉屋の浜門をくぐった。白石邸で匿った月照が薩摩で西郷と入水《じゆすい》自殺したことを正一郎に伝え、その足で月照の行李の中から見つかった密書を尊王攘夷派の近衛家に返すため京に向かう途中、立ち寄ったのだ。

平野は、個性際立つ志士として知られる。国学に勤《いそ》しみ、古いものを尊ぶ尚古《しようこ》主義で、頭髪を剃《そ》り上げる月代《さかやき》をせずに古風な総髪。烏帽子《えぼし》をかぶり、箒鞘《ほうきざや》の太刀《たち》を佩《は》き、無造作に横笛を腰に差し、直垂《ひたたれ》姿で出歩くなど、その姿は異様に写った。

肖像画を見ると、痩せてはいるが、頬骨が秀で、目は切れ長で眼光は鋭い。『白石正一郎日記』（日記中摘要）には、

〈筑前亡命平野次郎入来止宿〉

とあるだけだが、正一郎は初めて見るその異様な風体に声を失い、西郷と月照の入水を聞かされ、言葉を失ったに違いない。この日の出会いから、平野と正一郎の長くて深い付き合いが始まる。

史料からはこんな場面が浮かぶ。

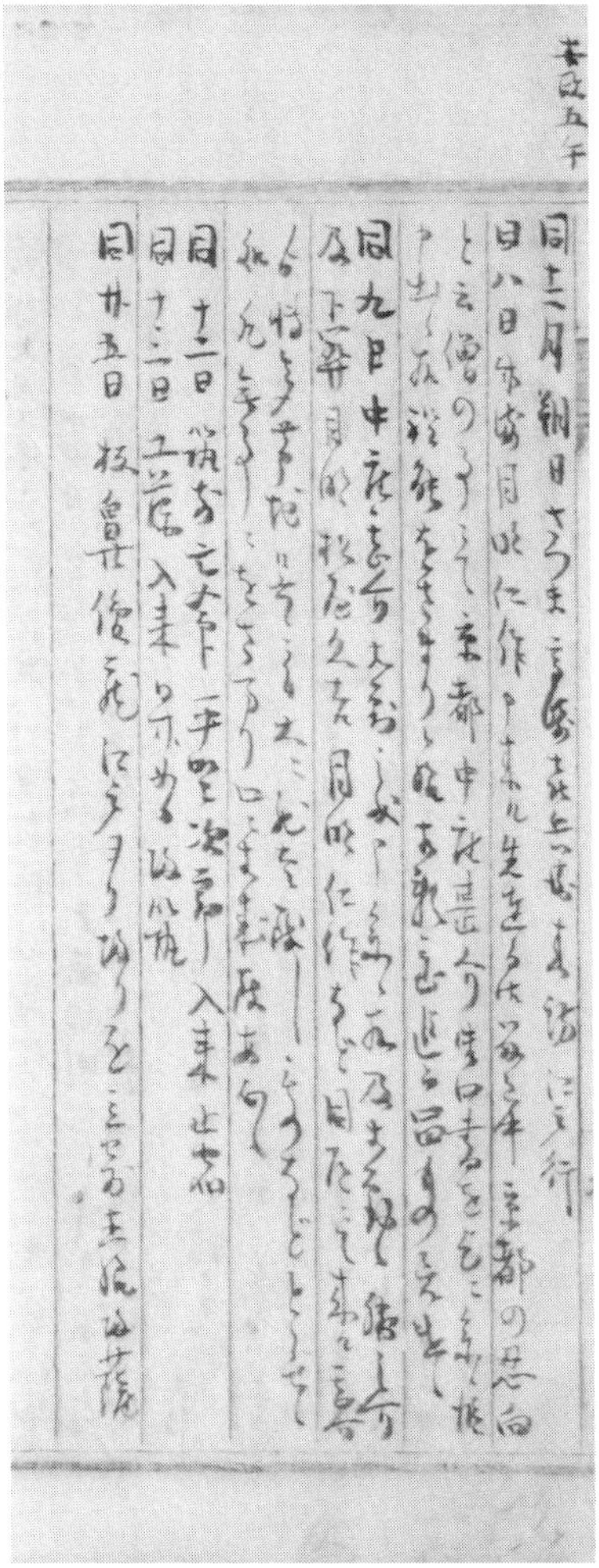

日記中摘要の一部。安政5年 12 月 12 日に〈筑前亡命平野次郎入来止宿〉とある（個人蔵・下関市立歴史博物館寄託）

「わしの風体に驚いているのであろう。わしは、月代をおいてちょんまげを結うのは、日本の古風ではないと信じておるから、総髪にしておる。実は、月照殿が西郷殿と錦江湾《きんこう》（鹿児島県）に身を投じられた。わしは同じ舟に乗っていて、入水する前、白石殿に渡してほしいと荷物を預かった。これが預かった遺品だ」

平野が差し出した墨書には、月照の戒名と薩摩入りした際の和歌が書かれていた。

「で、西郷さまは」

「西郷殿はわしが助け上げ、何とか息を吹き返した。しかし、月照殿が死に、自分だけが生き残ったと、傍目にも痛々しいほど自分を責めていた」

「いつのことですか」

「十一月十六日の朝方のことです」

「十一月十六日というと、私は薩摩から帰る途中で、まだ、薩摩領かその周辺にいました……」

この入水で月照は落命し、西郷は生き延びた。近衛家や西郷らと親しく幕府に追われた月照と、匿おうとした西郷の逃避行の末だった。

逃避行中の月照を福岡から薩摩まで護送したのが平野だった。懇意にしていた元薩摩藩士、北条右門から頼まれたからで、『平野國臣傳記及遺稿』（平野國臣顕彰会編）などに、平野と月照主従が幕府の目を逃れ薩摩を目指す様子が詳述されている。

月照と下男の大槻重助、それに北条と薩摩藩士の有村俊斎の四人は、白石邸に一泊した後、十月二日、小倉屋の浜門から舟で、九州に渡る。一行は博多の北条の元に身を寄せ、薩摩藩脱藩組の工藤左門と合流すると、有村は月照の受け入れ工作をしている西郷と合流するため薩摩に向かった。その後、正一郎の弟、廉作から、京都から目明しがやってきて月照一行のことを調べているから注意するようにという書状が届いたため、月照主従は筑前国大庭村（現在の福岡県朝倉市）の薩摩藩脱藩組、竹内五百都の家に匿われた。

北条と工藤は薩摩まで、護衛のため月照主従に同行しようとしたが、二人とも薩摩を脱藩した身で、薩摩には入れない。思案していたところ、平野が旧知の北条を訪ねてきたため薩摩までの護衛を頼んだのだ。

筑前福岡藩の下級武士だった平野は、弘化二（一八四五）年と嘉永六（一八五三）年の二回、江戸藩邸勤めをしている。最初の江戸勤務が終わった後は、福岡で、亀井暘洲《ようしゅう》に儒学を、青柳種春に古典を、富永漸斎《ぜんさい》に国学を学び、この頃から尚古主義に傾倒するようになった。二度目の江戸詰めの際は、ペリーが来航し、攘夷運動が緒についた頃で、水戸藩士で水戸学の中心人物、藤田東湖らと交わり、影響を受けた。

平野が本格的に勤皇思想に目覚めたのは、二回目の江戸勤務前の嘉永四（一八五一）年、薩摩藩で起きた「お由羅騒動」で福岡藩に脱藩、筑前国宗像郡大島村に身を寄せていた北条と知り合ったのがきっかけだった。

平野と北条は気脈が通じ、北条を通して西郷や工藤、有村らと交わり、西郷の紹介で月照とも面識があった。

月照主従と平野の逃避行は安政五年十月二十日から始まる。

平野は海路で薩摩に向かうことを決め、まず、筑後川を下って久留米を目指した。久留米では、古道具屋で山伏の装束を買い込み変装した。途中での尋問をやりすごすため、月照は京都醍醐の三寶院《さんぼう》から鹿児島城下の日高存竜院へ遣わされた使僧《しそう》「静渓院鑁水《ばんすい》」、平野はその弟子僧「胎岳院雲外坊」、重助は鑁水の下男「藤次郎」と名乗ることにし、総髪の平野は元結《もとゆい》を切って髪の端を切りそろえ、撫《な》で付けて四方髪《しほう》（束ね髪）にし、山伏がかぶる兜《と》巾《きん》を着けた。

同月二十一日、筑後国（福岡県）若津港に着く。『平野國臣傳記及遺稿』には、船内で若津の目明し、濱崎屋庄兵衛と乗り合わせたがうまく切り抜けたとあり、緊迫感が伝わる。北条が、京都奉行所から二人の手先が追跡していることを知らせにやってきた。北条から、西郷らが泊まっていた京の旅籠屋「鍵屋」の主人夫婦が捕らえられ、厳しい拷問に、月照一行が薩摩に向かったことを自白してしまった――と聞かされると、平野は、探索網が蜘蛛の巣のように張り巡らされていると危機感を強めたのだろう。手形を三寶院門跡の坊官甲村左京が出したものと偽造し、十一月一日、薩摩を目指して出帆した。平野は、月照を三寶院から薩摩領内の全山伏の元締め、日高存竜院に派遣された使僧ということにし、関所を突破しようと考えたのだ。

一行はその後、島原半島の島原港と天草群島の南端の福浦湊を経て、八代湾（不知火海）に入り、同月七日、薩摩北部の米之津《こめのつ》港に入港した。しかし、警護の藩士に上陸を禁じられ、野間之関（現在の鹿児島県出水《いずみ》市下鯖《しもさば》町）の関所に行くように指示される。薩摩藩は当時、領分境に無数の番所を設け、他国人の入国を厳重に警戒していたが、なかでも、野間之関は、肥後方面からの入り口で交通量が多いため、守りも厳重で、最も厳しい番所といわれていた。

野間之関の関所に着くと、平野は用意していた偽造手形を見せ、「三寶院御門跡より御使僧主従三人」と名乗った。ところが、関守に「三寶院門跡の使僧にしては、師弟とも装束が粗末。しかも、日高存竜院殿は数日前京から帰ってきたばかりで、使僧を遣わすのはおかしい」と疑われ、拒否されてしまう。

平野も月照も懇願したが、関所を通れない。

とうとう、二、三人の関守が集まって手形の確認を始めた。『平野國臣傳記及遺稿』には三人が山伏に変装した際、「義経が安宅の關を過るに似たるを想はしむ」とあるが、野間之関の関所での平野は、安宅《あたか》の関で源義経を守るため「勧進帳」を読んだ弁慶の気持ちだったろう。

何とか急場をしのぎ、浜に戻った一行は、潮流が速く九州で三難所といわれる黒之瀬戸（長島と下出水半島の間の海峡）を通り抜け、黒之浜に上陸。その後は陸路、鹿児島を目指し、十一月十日、日高存竜院に着いた。日高存竜院は藩庁に月照らの到着を報告したが、佐幕に傾いていた薩摩藩に反幕の月照主従を匿う腹はない。西郷の工作もむなしく、月照主従は藩の監視下に置かれた。

西郷には月照を日向国（宮崎県）との国境で処断するため連れ出すよう藩庁の命が下った。

薩摩藩士としては藩命にそむけない。しかし、月照を見殺しにはできない。苦渋の決断が入水だった。

日向国に送るという名目で同月十五日夜、月照主従と平野、西郷は薩摩藩の足軽が操る舟で出帆した。四人は西郷が錦江湾内の名所を説明するのを聞きながら酒肴を楽しみ、月照は、

舟人の心つくしに波風の　危き中をこぎて出でにき
こたふべきかきりを知らすしらぬ火の　つくしにつくす人の情に

と歌い上げた。

十六日未明、舟が花倉の沖にさしかかるころ、西郷と月照は抱き合うように錦江湾に身を躍らせた。平野らは二人を引き揚げたが、月照は生き返らなかった。

曇りなき心の月の薩摩潟　沖の波間にやがて入りぬる
大君のためにはなにか惜からん　さつまの瀬戸に身は沈むとも

西郷が持っていた紙入れには月照の辞世が書き残されていた。

二人の入水に至る一部始終を見届けた平野が、沈痛な表情で正一郎に話す光景が目に浮かぶ。平野は、四年後の文久二（一八六二）年春、白石邸で西郷と再会するが、平野自身、幕藩体制の現状と幕政に危機感を持ったのだろう。この日を境に白石邸を私的拠点とし、二十回以上、白石家に出入りを繰り返し、尊攘運動を活発化させる。ただ、正一郎も、平野と知り合ったことで、最愛の弟、廉作が五年後、時代の激流に飲み込まれ、命を落とすことになる。

「桜田門外の変」の裏舞台

「安政の大獄」が安政六（一八五九）年十月で一段落し、翌安政七（一八六〇）年は元号が変わり、万延《まんえん》元年になった。

小倉屋は毎年、六畳間に狩野常信《かのうつねのぶ》筆の松竹梅図を床の間飾りとして掛け、新年を迎える。

中央に梅と寿老人《じゅろうじん》、左右に松竹と鶴を描いた三幅対で、「法眼古川叟《こせんそう》筆」の落款が押されている。

この年、当主の白石正一郎は、尊攘の思いを同じくする福岡藩士、平野次郎國臣と薩摩藩士、高崎善兵衛と新年を迎えた。この頃、平野は、宮崎司と名乗っていた。

万延に入ると、白石家は、急速に尊攘運動の情報伝達の場としての役割を担うようになる。藩士たちの幕府への反発が急速に高まったからだ。

二月十七日には薩摩藩士、田中直之進（のちの謙助）が江戸から薩摩に帰る途中、立ち寄った。『白石正一郎日記』（日記中摘要）のこの日の項には、

〈薩州田中直之丞来訪江戸の密事承る〉

とある。

密事とは幕府の大老・井伊直弼《なおすけ》を討つ計画だった。後に「桜田門外の変」と呼ばれる。田中は文久二（一八六二）年の寺田屋事件で、薩摩藩の鎮撫使と戦い、その後、藩命で自刃《じじん》する。

『平野國臣傳』（春山育次郎著）によると、正一郎が田中と平野を茶室に案内すると、田中は、水戸藩士と井伊を討つ計画を立て、同志に決起を促すため薩摩に向かうところだと説

明した。同書には、計画を聞いた正一郎と平野は「慨然《がいぜん》として傾聴し、時事方に急なる状を審《つまびらか》にし、耳熱し胸躍るの感を爲《な》しました」とある。決起藩士の思いに共鳴したのであろう。

その前年の安政六年は、幕府に反発する者への井伊直弼による弾圧政策、いわゆる「安政の大獄」の嵐が吹き荒れていた。

これに対し、尊攘派である薩摩の青年武士集団「精忠組」のメンバーで、江戸藩邸に詰めていた田中や堀仲左衛門（のちの伊地知貞馨《いじちさだか》）、有村雄助、次左衛門《じざえもん》兄弟、山口三斎、高崎猪太郎《いたろう》らは八月末、こちらも尊攘派の急先鋒、水戸藩に井伊討伐《とうばつ》を持ちかけた。国許、薩摩でも、精忠組は意気軒昂で、突出の話題で持ち上がり、その準備が進められていた。「突出」とは井伊を暗殺し、京都に入ることを指す。

水戸藩側はすぐには同調しなかったが、幕府が、朝廷が水戸藩に下した勅諚《ちょくじょう》（戊午《ぼご》の密勅）を返還するよう迫ったことに水戸藩士が猛反発。この年の十二月初め、今度は水戸側から薩摩側に井伊襲撃の即時決行を迫った。

田中ら江戸詰の薩摩藩士は即時決行に理解を示したが、その直後、藩主、島津忠義の論告書によって、薩摩藩の方針が大転換したという報が届き、堀に「内用あり」の名目で召還命令が下った。薩摩では、急死した藩主、島津斉彬の後を継いだ忠義の父親で後見役の久光と大久保一蔵（のちの利通《としみち》）が話し合い、忠義がいずれ全藩を率いて乗り出すことを約束した諭告書を出すことで、決起中止を申し合わせていた。一報には、国許の状況を詳しく説明し、軽挙しないようにと戒める大久保の書面が含まれていた。

召還命令を受けた堀は、薩摩に戻る途中の十二月二十九日、浜門を叩いて白石邸に立ち寄っている。この日の日記には、

〈夜中浜門を叩き薩州堀仲左衛門高崎猪太郎原田彦右ェ門を召連急御用にて帰薩の由ニて来訪〉

とある。

江戸詰めの高崎猪太郎の名前があるのは、国許を説得するため、堀に同伴したからだ。決起は中止と決まったが、井伊を倒せば、藩主、忠義は乗り出す——。江戸藩邸には「今更、引き返せない。国許を説き伏せて、すぐにでも『突出』させるほかない」という思いが強かった。

ところが、堀と高崎が江戸での情勢を説明するため、薩摩に戻った直後、情勢は一気に変化した。年が明けると、水戸側の幕府への反発は頂点に達し、薩摩側に再度、断乎即行

を申し入れてきた。当時は電話もなければ電報もない。山口三斎が一月十九日、急遽、情勢が変わったことを報告するため薩摩に向かう。

その後、計画はさらに具体化し、井伊襲撃は三月三日と決まる。ところが江戸の様子を薩摩に伝える術《すべ》がない。薩摩からの情報も入ってこない。そのため田中が井伊襲撃の計画が早まったことを薩摩に伝えに行くことになり、冒頭のように途中、白石邸に立ち寄ったのだった。

田中は翌二月十八日、正一郎から三両を借りると、正一郎が手配した漁船で、浜門から豊前の大里に向かった。

日記には、

〈金三円用立候　尤《もっとも》　大急ギ帰国ニ付大里迄漁船ニておくらす〉

とある。

その八日後の二十六日、今度は召喚命令で薩摩に帰っていた堀が江戸藩邸に戻る途中、白石邸にやってきた。堀は、血気盛んな江戸藩邸の精忠組を落ち着かせ、水戸側に説明する任務を負っていた。

日記には、

〈堀仲左衛門来駕過十九日国元出立の由にて廉作並田中直之丞など着薩無之内出国の由也翌廿七日上坂〉

とある。

つまり堀は田中と会わないうちに薩摩を出てきたのだ。

正一郎らは田中から井伊襲撃計画が一気に進んでいることを聞いていた。堀も白石邸で、その情報を初めて知ることになる。

決起を止めることが難しいことを知った堀は平野に頼みごとをしている。『平野國臣傳』によると、井伊襲撃が成功した場合、薩摩藩と歩調を合わせて幕府の横暴を抑制して朝廷を擁護し、島津斉彬の遺志を引き継いでほしいという建白書を福岡藩主・黒田長溥《ながひろ》に渡してほしいというものだった。

堀と行き違いとなった田中も三月六日、正一郎から借りた三両を返しに白石邸に立ち寄り一泊、急いで江戸に向かった。

江戸と薩摩間で情報が交錯するなか、三月十八日、正一郎の元に井伊が襲撃されたという情報が入る。

〈馬関風聞江戸先日騒動有之由直様宮崎氏ミタラヒヤへ遣し実否聞合候処井伊桜田にて殺

害ニ逢候由水藩十七人と申事也〉（江戸で騒動があったと聞き、平野が御手洗屋《みたらい》で確かめると、井伊が桜田門で十七人の水戸藩士に討たれていた）

宮崎とは当時変名していた平野のことで、ミタラヒヤは、下関・阿弥陀寺町《あみだいじちょう》にあった手紙を伝送する「御手洗屋」のこと。

『平野國臣傳記及遺稿』によると、正一郎と平野はその夜、祝杯をあげ、平野は、

所から名も面白し櫻田の　火花にましる春の淡雪
神風をなに疑はん櫻田の　花咲くころの雪を見るにも

と詠んでいる。正一郎は、気勢をあげる平野のそばで身震いが止まらなかったに違いない。

十八日の日記には、

〈翌十九日右の風聞さつまへ為知状数通仕出す宮崎分も入組苫船中馬氏へ托す〉

とあり、正一郎は翌十九日、井伊襲撃の情報を知らせる書簡を苫船の中馬廉四郎に託し、薩摩に届けさせた。

四月に入ると、彦根藩士が下関で、井伊襲撃に関して探索を始めたという噂が飛び始めた。

〈風聞彦根家中馬関へ入込居候よし〉（四月十一日）

十八日には、竹崎の目明しが田中の人相書きを持って探りに来た。

日記には、

〈目明仁作尋来り申様薩藩田中直之丞事京都中座甚介より尋方として関の目明松ャ久吉榊ャ仁作などへ人相書を以頼来候由来状持参り相尋候故一向存不申人と相答其書付ハ写し取置候〉

とある。

京都の中座甚介から送られてきた田中の人相書きを見せながら尋ねる目明しの仁作と松ャ久吉に、正一郎は「知らない」と言い張り、逆に田中の人相書きを写して追い返したのだ。

正一郎は翌十九日、この人相書きの写しと、下関で彦根藩士による探索が始まっているという噂を書状にし、薩摩に送っている。

薩摩藩士の高崎善兵衛は、桜田門外の変の直後の安政七年三月二十六日付で、正一郎にこんな手紙を出している。

「江東形勢其外諸国風説等善悪且巷説までも御聞ニ触候丈之義は無御取捨御聞之儘御しらせ可被下候彦根家中一両輩下之関辺え徘徊いたし居候聞得有之段当宿ニ而世評参申候是は虚説哉とも被存候へとも目明ニ而も御手を被付御聞繕為知可被下候何事も御心ニ浮候義は無洩漏御通し可被下候」

情報を得、確認することの難しさが綴られ、江戸や諸国の風説など、善悪且巷説までも耳に入ったことはすべて取捨てずに知らせてほしいと、正一郎に頼んでいるのだ。

白石邸は、情報の伝達手段が乏しいなか、情報の集約地であり、交差点でもあった。維新前夜の歴史的な出来事も、白石邸を通った情報抜きには語れない。

「おたずね者」の隠れ家に

大老、井伊直弼が水戸浪士らに襲撃された「桜田門外の変」が落ち着いたかに見えた万延元（一八六〇）年閏《うるう》三月十日、白石正一郎のもとに一通の手紙が届いた。

差出人は博多にいる弟、廉作で、福岡藩の盗賊方が、白石邸に投宿している福岡藩士、平野次郎國臣を探索しているから用心するように、と書かれていた。

平野は尊攘志士で、西郷と月照の入水の場に立ち会うなど維新に深くかかわり、正一郎とも親交を結び、白石邸を拠点に活動した人物だ。この頃は白石邸に投宿しており、白石家はこの廉作からの一通の手紙から、平野に振り回される一年が始まった。

二日後、博多から一足早く戻った番頭の嘉吉の報告から、盗賊方が調べに来るのは時間の問題だと感じた正一郎は、平野を大里富野（北九州市小倉北区）の妻の実家に連れて行き匿うよう頼んだが、断られ、白石邸に戻ってきた。平野が浜門をくぐるのは、これで早くも十回目だった。正一郎は翌十三日、赤間関・新地の春風楼に連れて行き匿った。春風楼と白石邸は近く、浜門から舟で行き来ができた。

福岡藩では、平野が薩摩藩士、堀仲左衛門の建白書と一緒に福岡藩主、黒田長溥に提出した意見書が問題視されていた。「水戸藩士によるくわだては必ず成功するであろうと思われる」で始まる『愚存之条々』と題する意見書に福岡藩は、「平野は井伊暗殺をあらかじめ知っていたばかりか、かかわっていたのでは」との疑いを強めていた。さらに、藩内では、平野が桜田事変の黒幕で扇動者とみる向きもあり、盗賊方に調べさせていた。

筑前福岡藩の第十一代藩主、黒田長溥は先進的で、ペリー来航時は開国方針を幕府に建策、砲台を築き精錬所を設けるなど西洋施設を導入した。ただ、政治的立場は幕府中心主義で、桜田門外で井伊が暗殺された際も、江戸出府を計画していたほどだから、平野の関与の有無を確認しなければ、幕府に対して筋が通らなかったのだ。佐幕派・福岡藩から桜田門外の変の張本人を出したとあっては一大事。平野は「おたずね者」として追われる身になった。

正一郎が見込んだ通り、春風楼には一切、探索の手は伸びなかった。だが、福岡藩の盗賊方は、白石邸を見張っていたのだろう。閏三月二十二日、平野が春風楼から白石邸に戻ると、同二十六日と同二十七日、それに四月十九日、地元竹崎の目明し、榊屋仁作や福岡藩の盗賊方らが入れ替わり立ち代わり、平野のことを調べにやってきた。五月八日には仁作が筑前から届いた平野の手配書を持って訪ねてきた。

この日の日記には、

〈目明仁作八百や林蔵と来り筑よりの来状を以平野二郎（原文ママ）の事又々尋ニ来る〉

とある。

正一郎はその都度「知らない」を繰り返したが、盗賊方の執拗《しつよう》な探索に、平野は五月十二日、正一郎から路銀《ろぎん》として五円（両）を受け取り薩摩に向かった。

三カ月後の八月十一日、平野は下関に戻る。が、白石邸の周辺には捕吏が張り込んでいる可能性があるため、万が一を考え、白石邸ではなく、春風楼に身を潜めた。平野の十二回目の白石家での生活は、ひとまず、新地の春風楼で始まった。

この時期、白石邸には平野の内妻、お秀が滞在していた。『平野國臣傳』によると、お秀は、平野が薩摩に向かった後の五月二十八日、平野に会いたい一心で白石邸を訪ね、心中を察した正一郎の母親が逗留《とうりゅう》させていたのだ。平野は自分が戻ってきた以上、お秀がいることで白石邸に注目が集まるのはまずいと判断した。平野と正一郎は相談の結果、平野はすでに筑前に帰ったというニセの手紙を書き、お秀を福岡に帰らせ、平野は同月十三日、白石邸に入った。

だが、福岡藩の追及は執拗だった。正一郎日記や『平野國臣傳』などによると、同月十六日に訪ねてきた目明しの仁作らと正一郎との間でこんなやりとりが交わされている。

「最近、平野は玄海島に渡り、漁船で藍島に行った後、赤間関に戻ってきたはずだ」

「五、六日前、筑前相の島（沖の島）の漁船でお見えになりましたが、すぐにその船で出発されました。半時（約一時間）ほどいて食事を済ますと、路銀を貸してくれというので一両二分貸しました」

「行き先は言っていなかったのか」

「何も。しばらく預かってくれと申されて、行李《こうり》を二つ置いていかれました」

「分かった。平野が立ち戻ったら、すぐに連絡しろ」

仁作ら目明しは行李の中身を確認すると立ち去った。


翌十七日には福岡藩の盗賊方が二人訪ねてきた。正一郎は日記に二人とのやりとりを詳細に記している。正一郎にしては珍しく長文で、六百字余りに上っている。『平野國臣傳』なども参考に再現する。


「平野が来るようになったのはいつ頃からか」

「懇意にさせていただくようになったのは三年ほど前からです」

「この春、赤間関の目明しが、平野が訪ねて来た時は引き留めて知らせるよう、頼んでおいたはずだ。知らせがなかったということは、平野を匿ったということではないか」

「ごもっともでございますが、平野さまは懇意にしていますし、どう見ても悪人とは思えませんでした。平野さまに『どんな罪を犯されたのですか』と聞きましたところ、『犯した罪の覚えはない』ということでございました。それに、この春、御同役に『平野さまはどのような罪を犯したのでございますか』とお尋ねしたのですが、『我々もよく知らぬ。上役の命を受けて詮議するのみだ』と申されました。お役人もご存じない程度なら罪人とは認めがたいと思いました」

正一郎はよどみなく言葉をつないだ。

「それに、久しぶりに訪ねてきたのをわざわざ留め置いて、当家において召し捕られたのでは、どうにも義理が立ちません」

ここで正一郎は一転、攻勢に出る。

「かような大罪のある者であると、はっきり承っておりますれば、言われた通りにいたしましょう。いったい、何の罪のある人物でございますか」

「一切、存じていない。義理が立たないというのはもっともなことであるけれど、今後も、立ち寄ったときは、お知らせいただけないのか」

二人は懇願するように言ったが、正一郎は「その通りです。義理が立ちません」

と一歩も譲らない。

「それならば、平野から預かっておられる二つの行李は取りに来させるが、お渡しいただけましょうや」

　正一郎は「その件は心得ました」と、預かった二つの行李の引き渡しだけ了承した。

　正一郎は、十三日から平野を白石邸に匿っていたが、見事に、隠し通した。ただ、福岡藩が白石邸のある清末藩の手を借りてでも捜索する危険があったため、正一郎は二十日、平野を春風楼に移した。

　正一郎の予感は的中した。翌二十一日、正一郎は清末藩の竹崎の在番役から呼び出しを受けた。筑前盗賊方から、清末藩へ正一郎を取り調べるよう申し入れがあったのだ。正一郎は平野の人柄や志操を語り、これまでの顚末を繰り返し説明した。役人も納得した様子だったため、もう調べは入らないだろうと安心し、この夜、再び平野を春風楼から引き取った。平野から預かっていた二つの行李は、二十二日に在番所から筑前盗賊方に渡すよう命があったため渡した。

　だが、正一郎は安心できなかったのだろう。九月五日の日記に、

〈今夜より宮崎二階へ潜伏〉

と記しているように、自宅に二階を作り、そこに平野を忍ばせている。

右往左往する白石家

平野はその後、九月中旬、白石邸を出て下関を離れ、文久二年春までの一年半、肥後国玉名郡安楽寺村（熊本県玉名市）の尊攘派医師、松村大成の家を根城に、尊攘運動を展開する。

平野が肥後国に去った後も、正一郎への追及は続いた。

筑前盗賊方は八月、正一郎の説明に一度は引き下がったが、あきらめてはいなかったのだ。反対に調べが厳しくなってきたのだろう。十一月九日には筑前にいた弟、廉作に、調べが厳しくなっていることを知らせる飛脚を出している。実際、その日の夕方、清末藩を統括する萩《はぎ》本藩の指示で新地の目明しが調べに来た。目明しは平野について厳しく追及してきたが、正一郎は「その後の行方は存じません。筑前の盗賊方へ説明してください」と追い返した。

この日の日記には、

〈平野二郎（原文ママ）一件此節又々尋方厳しく因り候ニ付急飛脚を筑前へ差立廉作へ申遣候夕方新地目明源三来り平野一条ニ付何角とヤカマシク申候得共此方其後行衛不存ゆゑ筑の盗賊方へ程克申入候様申聞せ置候〉

とある。

十三日には、長府藩の町方役所に呼び出されて、平野について口述書を差し出した。十九日も町方役所に呼び出されて調べを受けた。この日の日記に〈夜俄ニ町方役所へ呼出し有之罷出候処平野二郎（原文ママ）一件筑前盗賊方六ツか敷申趣承ル〉と、調べの様子を記しているが、調べを終えて帰宅すると、夜中に目明しがやってきた。もはや神経戦だった。さらに、十二月十三日には、また福岡藩の盗賊方が乗り込んできた。この盗賊方は下関で年を明かしたのだろう。翌万延二年一月十五日にも、白石邸を訪ね、正一郎に平野について尋問している。

急進派志士の捕捉に必死の福岡藩は追及の手を緩めなかった。それに対応し、柳に風と受け流す正一郎の心労はいかばかりか。

他人も見るに見かねたのだろう。万延元年八月二十一日、薩摩藩士、高崎猪太郎が廉作宛てにこんな手紙を出している。

「宮崎君之事返す〴〵も遺憾千万憮御憂屈之事と心痛仕居候」

おたずね者の志士を匿うなど、地方の一商人のできることではない。決死の覚悟だったことは想像できる。正一郎の心の中に、平野に対する畏敬の念だけでなく、尊攘派として、さらなる闘争心が芽生え始めていたのだろう。

万延元年は、白石家が平野で右往左往した一年だった。そんな最中でも、吉田松陰と親交があり池田屋事件で自刃した宮部鼎蔵《ていぞう》の弟子の肥後藩士、上松巳八《みはち》や堤松左衛門、薩摩藩士の高橋新八（のちの村田新八）ら、多くの志士が白石邸を訪ねてきており、明治はすぐそこに迫っていた。

薩摩藩士が支援

白石正一郎は西郷と縁を持って以来、幅広く尊攘志士との交流を深めたが、商人としての野心も満々だった。安政五年、西郷の推薦で手がけようとした薩長交易は成就しなかったが、あくまでも薩摩藩との藩際交易にこだわり、薩摩藩御用達になることを諦めていなかった。

安政六年八月から萩本藩主導で、薩長交易が始まることが決まると、正一郎は独自に藩御用達を狙って動いている。

この年の五月六日、薩摩藩主、島津忠義が赤間関に投宿すると、同行していた島津家筆頭家老に面会し、翌七日には、わざわざ追いかけるように小倉まで足を運んで会っている。何を話したのかは史料に残されていないが、正一郎の日記には
〈薩州侯馬関御止宿嶋津豊後太夫へ尋問相対翌日小倉にてもゆる〳〵及相対申候〉

とある。交易への思いをぶつけたのだろう。

この年の後半になると、薩摩側から正一郎に接触を始めている。

八月十九日の日記には、

〈高崎来談当夏頃より中野仁牟礼などのマガモノ、ために御交易及大破夫ニ付而ハ高崎翁も不首尾にて久敷来訪無之疎遠の処今日より又々来遊〉

とある。

高崎とは、薩摩藩が天下の情勢を国許に伝えるため、各港につないでいた苫船を担当す

る薩摩藩士、高崎善兵衛のこと。薩摩藩は小倉屋ではなく、小倉屋がある清末藩の上部の萩本藩の御用商人、中野半左衛門らを窓口にして薩長交易をしようとしたが、うまくいっていなかった。

高崎善兵衛は正一郎に、「(前回は)薩摩との交易実現に協力できなかったため、それ以来疎遠になっていたが、これからは又遊びに来る」といっている。

薩摩藩は白石家を情報の集約場所、そして東方への足場としてつなぎ止めておきたかったのかもしれない。萩本藩の御用商人、中野らの介入で中断していた小倉屋と薩摩藩との関係に、修復の兆しが見えてきた。

この頃から、白石家と懇意にしている薩摩藩士が中心となり、正一郎が薩長交易に参画できるように動き始めた。

十二月二十九日の日記には、

〈夜中浜門を叩き薩州堀仲左衛門高崎猪太郎原田彦右ェ門を召連急御用にて帰薩の由ニて来訪但し高崎善兵衛此方へ滞在ゆゑ尋来候也薩州の交易一条先達而讒訴故ニ此方手を引き居候段難堪おもひて其取成十二八九相調候様可致と懇切ニ談話承る〉(この日の夜中、薩摩藩の堀仲左衛門と高崎善兵衛の子、猪太郎、それに原田彦右ェ門が江戸からの帰藩途中、滞在中の高崎善兵衛に会うため白石邸に立ち寄り、『薩長交易は［正一郎が］先立って動いていたのに陥れられ、手を引いていることを気の毒に思う。取り成しに力を貸そう』と親切に言ってくれた）

と記している。

日記には、堀らは十中八九、調《ととの》うだろうと説明したともある。

その後、薩摩藩内で、急速に話が進められたのだろう。安政七（万延元＝一八六〇）年二月十二日、廉作が急遽、薩摩に赴くことになった。目的は薩摩藩を説得し、「薩摩藩御用役」になることだった。

廉作は、この薩摩行について『狭裔再遊記』と題する日記を記している。『白石家文書』に収容されているこの日記によると、廉作は一カ月の滞在中、井上弥八郎や高崎猪太郎、有馬新七、大久保正助（のちの利通）らと談合を重ね、藍玉や薬草、たばこなどを薩摩から買い入れ、米など薩摩が不足している物産を売り込む交渉を進めている。さらに、大久保らの協力で、正一郎に代わって薩摩藩主、島津茂久に下関での変事を想定、その対応策を提示する意見書を提出した。廉作が原文を書き、大久保が筆を加えた。

意見書は、「今の天下の形勢は、いつ何時、変事が起きるか分からない情勢だ」とし、「一旦、変事が起きると、大小の大名が騒ぎ立て、西国では、小倉―下関の渡航が混雑し、米を買い入れることが困難になる」「小倉や下関の各藩の御用達はいくつかの藩を掛け持ちしているため、非常時には差支えが出るから、薩摩藩の用を足すものを選んでおくべきだ」と進言。さらにひとたび変事が起きた場合、船での輸送をどうするのか、また、食料をいかに確保するのか――など十二項目にわたり具体的な策を提示し、「白石家が『御内用向御用達』の名目を頂ければ万事公然と処置ができ、忠勤を励むことができる」と、小倉屋を売り込んでいる。

廉作の嘆願工作を受け、堀仲左衛門や高崎善兵衛ら薩摩藩士も、白石家を薩摩藩御用達にするため、陰ひなたに支援した。

それは彼らが正一郎に出した手紙をみると分かる。

例えば、安政七年三月二十六日に高崎善兵衛から正一郎に届いた手紙には、

「先朝も粗御噺申上置候御願望一条は堀其外えも得と致示談申かす様相勤精々御願達候処御計今後成丈御気長思召可被下候迚も一篇ニ而は運兼候付何ヶ度も折返し致歎願報恩可申上候」

とある。

つまり、薩摩藩御用達の件は、堀仲左衛門ら藩士が藩庁に申し入れているが、一度では

説得できないので、何度も繰り返して歎願するから、気長に待ってほしいというのだ。

正一郎と薩摩藩士の強い絆を象徴する手紙だ。

絆を示す、こんなエピソードもある。安政六（一八五九）年一月七日の正一郎日記に、〈同藩有馬新七桂民之進米良喜之助石見半兵衛四人高崎誘引にて入来〉とある。有馬や高崎善兵衛ら五人が白石邸を訪ねたというのだ。

その理由は、もともとは借金だった。高崎善兵衛を除く四人で京から薩摩に帰る途中、盗難に遭い、路銀が足りなくなった。下関まで来れば高崎善兵衛がいるから何とかなるだろうと思っていたが、当人は出かけている。そこで二両貸してほしい――という内容の手紙を正一郎に出した。しかし無事に高崎善兵衛と会えたため、五人で白石邸に泊まったというのである。

手紙で借金を頼めるほど正一郎と薩摩藩士の関係は密だった。

念願かない薩摩藩御用達に

万延二（文久元＝一八六一）年に入ると、正一郎が念願していた薩摩藩との交易が実現に向けて動き出した。

六月十二日の日記には、

〈薩高崎猪太郎より来書兼而之懇願一条何とか可被仰付趣内意申来る〉

（薩摩の高崎猪太郎から、かねてから懇願していた件について、何とか可と仰せつかるという趣旨の内意を得たという手紙が来た）

とある。

高崎猪太郎からの手紙は、六月一日に記したもので、

「然処愚親は勿論堀抔打寄細縷及塾論此節は是非御素懐相達候様致周旋既ニ蓑田市来之両士へも打込相成候処いつれ之筋其通可然旨及得心無量之幸甚無申計雀躍不少候右ニ付手扣（原文ママ）差出候様承別紙之通書認差出置候ニ付不遠何と歟可被仰付歟未発之事ニ而可申上越義ニ而は無之候得共是迄大延引旁一寸も早目形行を為御知申上越置度左様御含居可被下候左様」

とあった。

高崎猪太郎からの手紙で、何とか御用達になれそうだと知ったのだ。

博多にいた廉作にも高崎猪太郎から同じような手紙が来たのだろう。正一郎は七月五日の日記に、

〈廉作筑前より来書薩堀高猪の状入組有吉事也〉

（筑前にいる廉作から、堀と高崎猪太郎からの手紙を同封して送ってきた。吉事である）

と記している。正一郎の喜びようが目に浮かぶ。

さらに、八月十一日には、

〈薩高崎猪太郎より来書吉事申来〉

（薩摩の高崎猪太郎から吉事があったことを知らせる手紙が来た）

〈苫船川上より御用達被申付候〉（川上から御用達を申しつかった）

と記されている。

そして、八月二十八日、廉作が薩摩に旅立った。

実は、高崎猪太郎の父親、善兵衛も八月二十六日、正一郎に、

「先達而伜ヲ以粗御伝達申上越候貴兄御開運之一条弥治定相成（中略）此書翰御一覧之上ハ余事は被捨置早々御出薩可有之候」

と手紙を書いている。ただ、正一郎の手元に届いたのは廉作が薩摩に出立した後の九月

十三日。正一郎は日記に、
〈薩州高崎翁より来書八月廿六日出早々下薩候様申来ル〉

と記しているが、廉作が薩摩に出発する前の八月二十六日にはすでに御用達が決定していたのだ。

廉作の『薩摩第三遊日記』によると、薩摩に着いた廉作は、市来正之丞や大久保正介（原文ママ、のちの利通）、蓑田伝兵衛、村田新八、有馬新七、井上新右衛門（のちの井上清直《きよなお》）らに接待や贈り物を重ねて協力を働きかけ、結果、正一郎は「用達」、廉作は「用達助」という地位を手に入れた。「用達」といっても、普通の御用達ではなく、非常の場合に応じて秘密の働きをすることが条件だった。

正一郎と廉作の長年の悲願だった薩摩との交易が実を結んだ瞬間だ。

廉作は朗報を手紙で正一郎にこう伝えている。

「十一日別紙写之通弥八郎様御取持被仰付希代之面目難有義奉始尊大人様御一統御喜び可被下候其御地御発し之処ハ敏帰郷之上可然と奉存上候」（九月十五日付）

「是ハ誠従来無比類盛事ニ御座候人々驚目申候奉始尊大人様皆様御喜ひ可被下候」（同月十六日付）

「用達」の正一郎にすぐに、任務が与えられた。

十二月二日、帰宅した廉作が薩摩藩から二万四千五百両を預かってきたのだ。

正一郎日記には、うち三千両は白石家への貸し付け、二万両は米買い入れの資金、千五百両は十艘の早船《はやふね》を準備する費用とある。万延元年三月、廉作が提出した建白書がそのまま受け入れられていた。

薩摩藩の藩御用達拝命に欣喜雀躍《きんきじゃくやく》する正一郎、廉作兄弟の姿が目に浮かぶが、薩摩藩が小倉屋を藩御用達にし、米の買い付け資金などとして二万四千五百両もの大金を預けたことは、薩摩藩が近く腰を上げることを示唆《しさ》していた。国父として薩摩藩政を掌握する島津久光は、藩政後見の職に就いて以来、朝廷から幕政改革の叡旨《えいし》（天子の言葉）を下してもらい、国論を統一するため兵を率いて上洛（京に入る）するつもりだった。廉作が預かってきた二万四千五百両はその準備費用だった。正一郎は藩御用達の立場を手に入れた見返りに、久光上洛が差し迫っていることを認識、自らの役割の重さを痛感するのである。

第三章　攘夷戦

文久二年春の喧噪

文久元（一八六一）年秋、長門国竹崎浦（山口県下関市）の荷受問屋「小倉屋」は晴れて念願の薩摩藩御用達になった。当主の白石正一郎は西郷との親交などで尊攘志士らと交流を重ねてきたが、御用達を契機に一層、藩士の来訪が頻繁になった。

翌二年、薩摩藩にとって一大事が持ち上がった。国父・島津久光が上洛するというのだ。当時、幕府は外国からの圧力で開国に踏み切り、各地に尊王攘夷思想が広がった。弱体化する幕府に対し、朝廷と一緒になって国を立て直す公武合体という考えも広まる。久光は朝廷主導の公武合体を進め、幕政改革をしようと上洛を試みた。

しかし、この上洛計画は、福岡藩の平野次郎國臣や久留米藩の眞木《まき》和泉守《いずみのかみ》保臣《やすおみ》ら過激な尊攘思想を持つ志士たちに「久光は倒幕のために大兵を率いて上洛する」と伝わった。薩摩藩のほか幕府に不満を持つ、久留米や福岡、熊本など九州諸藩の急進派尊攘志士たちは、倒幕計画の情報を得ようと、毎日のように白石邸を訪れるようになった。それまで疎遠だった長州の尊攘激派も近づいてきた。以降、白石邸は尊攘運動の拠点と化していく。

まずは薩摩藩士。一月五日、大久保一蔵（利通）ら四人が、白石邸の浜門をくぐる。大久保は、久光上洛の準備工作のため京に向かう途中だった。六日、波江野《はえの》休右衛門から兵糧用の米の買い入れを急いでくれという飛脚が届く。上洛の準備であろう。正一郎は薩摩藩の御用達になった際、有事用の米買い入れの資金として二万両を受け取っていた。早速、御用達として働くことになった。

二月四日、江戸藩邸勤務を命じられた柴山愛次郎と橋口壮介が来訪、一泊し翌五日、船で上方に向かった。同月二十九日には、森山新蔵と波江野が米代の引き当てとして金子を持参した。

白石家に、久光の本心が伝わっていたかどうかは正一郎日記に記載されていないが、久光の上洛に合わせ幕府と一戦交えるため京に向かうという、緊迫した空気が漂っていただろう。

急進的な久留米藩の藩士も動き出した。

二月十六日には、渕上丹下と角照三郎が、牟田大介、川崎三郎名で訪ねて来た。翌十七日、渕上は萩へ、角照は小倉へ向かい、入れ替わりに、眞木和泉守保臣の実弟の大鳥居理兵衛親子が上方へ行く途中、立ち寄った。

萩に向かった渕上は、萩で長州藩の尊攘激派、久坂玄瑞《くさかげんずい》と会い、久光が上洛しそれにあわせて倒幕の動きがある、と説明した。

同月二十日、原道太と荒巻羊三郎が、平野の紹介状を持ってやってきた。潜伏するためで、正一郎は、平野が隠れたことがある二階に匿《かくま》った。この日、正一郎は、大鳥居親子が白石家を出た後の十九日に捕らえられ、久留米への護送中、理兵衛が自決したことを知った。

この頃、久留米藩内の状況は変わりつつあった。

正一郎は、来訪する藩士から、久留米藩では保守勢力（俗論党）が勢いつき、急進派（正義党）の藩士二十人余りが脱藩、藩内での立場が危うくなっていることを聞き、番頭格を萩と小倉に派遣、渕上と角照に伝えさせた。書状だと捕吏に見つかった場合、言い逃れができないからだ。

薩摩の『島津斉彬公史料』の中にある『白石正一郎日記』の原本を写したと見られる「白石正一郎日記鈔」も二月二十日付で、

〈久留米藩原道太荒巻半（原文ママ）三郎両人平野よりの添書持参に付二階に潜伏為致置家

婢等不為正一郎妻カズ廉作妻ノブ両人をして食事沐浴《もくよく》其他厠《かわや》に行候迄注意せしめ極々秘密を主とし候〉

〈時に諸藩士多く訪問し加之久藩正義の士凡廿余人出国致し俗論大に沸騰の由承り殊の外配意仕候又昨日十九日馬関にて久藩大鳥居（原文ママ）父子被召捕今日駕籠にて久留米に警固連れ帰り候途中黒崎駅にて大鳥居致割腹候由残念の次第なり依之此間萩へ行候牟田と小倉に行候川崎などの事無心元に付急飛脚を以て萩と小倉に報知す尤此節の事故手紙は不遣両人とも口上申含ませ遣〉

と詳しく伝えており、白石家が一丸となって志士を気遣っている。

肥後藩からも二月一日、松田重助が訪ねて来た。

白石家に各藩の尊攘志士が集まり始めると、それまで白石家と疎遠だった長州の尊攘激派も看過できなくなったのだろう。長州藩士の出入りも始まった。

二月二十三日、松下村塾の塾生、松浦亀太郎が松田和助の変名で、薩摩藩の動向を尋ねる久坂玄瑞の手紙を届けに来た。

久坂の手紙は「未得拝顔候得共一書草々差出申候」で始まり、「萩に来た久留米の牟田から久光が上洛する話を聞いたが、それについて二十三日には必ず訪ねるので話を聞きたい」

と書かれていた。正一郎は、松浦に薩摩藩と久留米藩の動きを説明し、さらに、潜伏中の久留米藩の原と荒巻を引き合わせた。

手紙には二十三日とあったが、遅れたのだろう。久坂は三月十四日、白石邸を訪れた。

久坂は久光上洛を機に、長州藩主導で開国ありきの公武合体策を攘夷に転換させ、尊攘倒幕の兵を挙げることを計画していた。その事前協議と他藩士との連帯を図ることが目的だった。正一郎は久坂を滞在中の薩摩藩士、森山新蔵と引き合わせた。

久坂は翌十五日には、土佐藩士、吉村虎太郎と白石家を訪ね、十六日は白石邸に止宿、同夜、薩摩の視察から戻った萩藩士の栗原良蔵と薩摩情報の確認をしている。薩摩の動きをつかんだ久坂は翌十七日、急いで萩に帰っていった。

そんな中、三月十九日に薩摩藩の井上弥八郎が白石邸を来訪。久光が上洛のためついに薩摩を出発することが伝えられた。

このころの日記には来訪者として薩摩藩の森山新蔵や柴山愛次郎、橋口壮介ら、のちの「寺田屋事件」に関係する名前が登場し、白石邸が歴史の一部であったことが分かる。

そして寺田屋事件が起こった

三月二十日、長州藩士、山田又介が薩摩藩士と会いたいと来訪、正一郎は滞在していた井上と森山を引き合わせた。また、長州藩の軍艦、丙辰丸《へいしんまる》の艦長、松嶋（島）剛蔵も来訪、全員で盃を重ねたのだろう。日記には、

〈皆一同座敷ニてゆる〳〵談話〉

とある。

その後、阿弥陀寺の大早船一艘を貸し切り、松嶋と井上、一カ月間潜伏していた久留米藩の原と荒巻が一緒に大坂に向かった。

続いて二十一日には薩摩藩の蒸気船が入港。薩摩藩の曽山九兵衛と豊後岡藩の小河《おごう》弥右衛門、平野次郎國臣が到着し、薩長筑豊の志士でごった返した。正一郎は盛宴を設けて志士たちを饗したのだろう。日記には、

〈各一席にて大会也〉

とある。

白石邸が、日に日に殺気立った志士たちであわただしくなる様子が目に浮かぶ。

翌二十二日の夜明け、大島三右衛門と名乗っていた西郷が村田新八とともにやってきた。西郷は、久光から九州の形勢を視察しながら下関まで行き、下関で待つようにという命を受けていた。ところが、白石家で集まった志士たちや森山の話を聞いていると、久光の意図（公武合体）と急進的な尊攘志士の思い（倒幕）は大きく食い違っていた。

挙兵計画を知った西郷は、薩摩藩士の暴発を抑えるため、命令に反して久光を待たず、白石邸を出発して京に向かった。

西郷が京に向かった後も、正一郎は志士たちの対応に追われた。日記によると、平野は三月二十二日の夜、大坂を目指して出立、正一郎は平野に餞別として太刀一振と金三両を贈り、倒幕に賛同し宿泊していた岡藩士二十人と別れの盃を交わしている。二十五日、久坂が京に向かうとあいさつに来訪。二十六日には筑前秋月藩の海賀宮門が、二十七日には薩摩藩の小松帯刀《たてわき》が来たかと思うと、夜には同じ薩摩藩の奈良原喜八郎と道島五郎兵衛が訪ねている。続いて、二十八日、薩摩藩の有馬新七と田中謙介（直之進改名）が立ち寄った。

白石邸になじみの薩摩藩士の同士討ちが起こった寺田屋＝京都市伏見区

正一郎は二十八日、下関に到着した久光を出迎え、麻の裃姿で、白木の樽二つと生鯛二尾、昆布三把を献上し、大久保に最近の状況を書きつけにして渡した。

二十九日には薩摩藩士、森山新五左衛門ら五人が脱藩して訪ねてきた。皆、上方を目指した。

その後も福岡、肥後、秋月、土佐、徳山など各藩士が来訪、久光上洛の機に倒幕の兵を挙げようと、白石家で情報を確認すると、京を目指した。四月九日には、交流が深い元薩摩藩士、工藤左門が大坂に向かう途中立ち寄り、別れの盃を交わしている。

京では異変が起きていた。

四月も半ばを過ぎると、正一郎の元に京での出来事が届き始めた。
〈大坂来状ニ申来京所司代屋敷へ浪人三十人計乱入東町奉行切腹の由也夜ニ入萩より土屋出関京師の事為知状来〉（四月二十五日）
〈土屋矢之介来訪萩より飛脚来候由ニて内翰京師の様子為知呉候又大坂より波江野家来藤介下り工藤の内翰勅書写等入組来〉（五月一日）
京都所司代の屋敷に三十人の浪人が乱入したため、東町奉行が切腹するなど、京の不穏な空気が白石邸にも伝わった。
そして、寺田屋事件は起こった。
〈工藤より来書四月廿六日出也伏水ニて薩士奮発即死九人計有之由猶為鎮静工藤も被留置候由筑前吉永源八郎へ為知状入組来翌朝菊三差立為持遣す伏見の事萩土屋へも為知遣候〉
正一郎の五月九日の日記だ。この日、京に詰めていた元薩摩藩士で白石邸の常連、工藤左門から異変を知らせる書状が正一郎に届いた。四月二十三日に京都・伏見の寺田屋で、倒幕を計画していた薩摩藩士らが、久光の命で決起を食い止めようとした同藩士に上意討ちされた寺田屋事件だ。ちなみに西郷は下関で待てとの命に反したため久光の怒りを買い、事件の前に薩摩に戻されていた。

討っ手に選ばれたのは、大山格之助（のちの綱良）や奈良原喜八郎、道島五郎兵衛、山口金之進ら八人で、道島が死亡。討たれたのは決起派八人で、有馬新七、柴山愛次郎、橋口壮助、橋口伝蔵、弟子丸龍（竜）助、西田直五郎の六人が即死。田中謙介と森山新五左衛門の二人は重傷を負い、翌日、京都藩邸で切腹した。

討っ手八人のうち奈良原と道島、討たれた側八人のうち有馬、田中、柴山、橋口（壮）、橋口（伝）、西田、森山の七人が白石家を経由して上京したり白石家を訪れたもので、白石家と密接な関係があった。

寺田屋事件ほど惨烈なものはない。同じ藩で育ち、同じ志を持ち、強い友情で結ばれていた同志が血で血を洗った。しかも、白石家に寝泊りし、意気軒高としていた若い志士の中から多くの犠牲者を出した。白石邸を通り抜けていった志士たちの運命に、正一郎は情けのない厳しい時代の流れを実感したに違いない。

理解を超えた中山忠光

小倉屋には、文久三（一八六三）年に入ると尊攘派の公卿らも出入りするようになる。それは、当主の白石正一郎が本格的な尊攘運動家として歩み出す契機にもなり、『白石正一郎日記』に生々しく記されている。

四月二日、祐宮《さちのみや》（のちの明治天皇）の侍従で尊攘派の公卿、中山忠光卿が訪ねてきたことが全ての始まりだった。

この頃、不平等条約とされた日米修好通商条約を結ぶなど外国に屈するかのような幕府の姿勢に、薩摩藩や長州藩などの尊攘過激派は不満を募らせ、尊攘派の公卿ともつながっていった。ついに孝明《こうめい》天皇が動き、幕府は同年五月十日を攘夷実行の日と決めていた。ただ、幕府は攘夷に乗り気ではなく、各藩に攘夷実行の命令と同時に、「攘夷戦争をすれば外国に負けて大変なことになる」旨の通達も出していた。

まだ十代後半だった忠光卿は、中山家に出入りする久坂義助《くさかよしすけ》（玄瑞《げんずい》）や山県《やまがた》小輔（有朋《ありとも》）、桂小五郎（木戸孝允《たかよし》）ら尊攘志士たちに心酔し、攘夷実行に伴って長州藩が外国と行おうとしている戦争に参加するつもりで、下関を訪問したのだ。

四月一日の正一郎日記には、昼過ぎに訪ねて来た長州藩士の楢崎八十槌《ならさきやそづち》から「中山忠光卿が白石邸に来るようになったので準備してほしい」と頼まれ、受け入れ準備で大騒ぎになったとある。

忠光卿は翌二日、白石邸に着く。

〈中山侍従様御散歩御入来宮城彦輔其外両人御供今夜半八ツ過中山公子俄《にわか》ニ長府へ御出御太刀ハ御座の間ニ御置にて正一郎刀廉作の短刀御用被遊候《あそばされそうろう》〉

「中山公子」は忠光卿を指し、「八ツ過」とは真夜中の午前二時過ぎ。忠光卿は自分の太刀を部屋に置き、正一郎の刀と弟、廉作の短刀を持ち出して長府へ向かったと書いている。突然、なぜ、それほど急いだのか。意味不明の行動だ。初めて会った公卿・忠光の予想外の行動に正一郎の戸惑いが分かる。

忠光卿は同月八日、長州藩士の宮城彦輔と小山寛平らを引き連れて白石邸に戻ってくる。この日以降、日記には連日のように忠光卿の名が登場する。

〈中山様始御供方一同すぢが浜御遊覧弁当用意ス夜ニ入公子御激論もてあまし候鶏明頃又

当家へ御帰被遊候〉（四月九日）

「すぢが浜」（筋が浜）とは日本海に面した浜。忠光は弁当を持って出かけたが、現地で攘夷に関する話題か何かで議論になったのだろう。

公卿に対し〈もてあまし候〉とあることから、忠光卿の激しい言動に正一郎が手を焼いたことが分かる。

正一郎にとって初対面の忠光卿は身分の高さだけでなく、性格、行動ともに理解を超えた人物だったに違いない。

忠光卿は朝方、白石邸に戻るが、筋が浜での議論がよほど腹に据えかねたのか、翌十日の日記には、

〈御絶食〉

とある。

十一日には機嫌が直ったのだろう。

〈漸御機嫌直り申候〉

と記しているが、十四日にはまたもや、

〈夜ニ入中山公子御立腹御かけ出し被遊候あとより宮城始楢崎土屋など行夜明頃又当家へ

御帰り〉

忠光卿が怒って飛び出したため、周囲が追いかけ、明け方に戻ってきたのだ。「土屋」とは忠光卿の激しい言動を取りなすため、世話係として長州藩が送り込んだ藩士、土屋矢之助のことで、藩がいかに忠光卿の機嫌を損なわないよう神経を使っていたのかを表している。忠光卿は十五日に長府藩、十七日に清末藩を訪ね、その後、日記から忠光卿の名前は消える。

忠光卿の名前が再び登場するのは十二日後の四月二十九日。日記には、

〈俄ニ又中山様御来駕〉

とある。

忠光卿が活発に動いている様子が伝わる。

『中山忠光暗殺始末』（西嶋量三郎著）はこの頃の忠光について、攘夷の準備が進まないことに失望して萩にいたが、攘夷戦争の期日が近づくに従って、在京の志士たちが続々と長州に西下、日本中の尊攘のエネルギーが長州に集結されつつあるのを知ると「いてもたってもいられなくなったのだろう」と推測する。

この日、京から下関に戻り長泉寺に拠点を置いた久坂ら三十余人の長州藩士が、白石邸

に姿を見せた忠光卿を訪ねている。攘夷戦に邁進《まいしん》する久坂らを見て感動し、彼らを激励する忠光の姿が目に浮かぶ。忠光卿と久坂は攘夷戦争への思いを確認したのだろう。二人は五月一日、下関の対岸にある引島（彦島）に攘夷戦争に備えて設置された長州藩の砲台を視察した。

忠光卿は酒宴も盛んに開いた。

四日には、七、八人の供を連れて狐《きつね》狩りに出かけたが、獲物が少なかったからか機嫌が悪くなり、廉作が叱られる羽目に。日記には〈例の御くじ起ル廉作と小山御不興を蒙《こうむ》ル〉（いつもの癇癪が起きる。廉作と小山が不興を蒙った）とある。

ところが、夕方から機嫌が直ったのか、〈夕方より御酒宴有志輩二十人計来ル水戸イヨノ大洲も交ル〉と、二十人余りと酒宴を開いている。

五日には、長泉寺から光明寺に拠点を移した久坂ら三十人が白石邸に集まり、忠光卿と〈大酒宴〉。

六日には長府藩の猟方と大がかりな狐狩りを行い、獲物は一匹だったが、光明寺に持ち帰り、狐汁にして酒宴を楽しんだ。

酒宴の連続だ。忠光卿の身の回りの世話を任された正一郎の気苦労は並大抵ではなかったろう。

『中山忠光暗殺始末』によると、時には芸者をあげての騒ぎもあり、正一郎の出費は莫大《ばくだい》だったという。

忠光卿の行動は予測がつかなかった。

八日、突然、筑後国久留米に出発する。久留米藩に捕らえられていた尊攘志士、眞木和泉守保臣らを救出するためだった。

参戦した公卿

攘夷決行の日（下関事件、後述）に忠光卿は参加していない。正一郎日記によると、忠光卿が眞木を救出して久留米から下関に戻ったのは五月十七日で、
〈夕方中山公子久留米より御帰り久藩より五六人付添来今夜二十人余来客及深更久坂と久藩山田辰三郎渕上郁太郎三人ハ山口へ行〉
とある。

このあたりにも忠光卿の自由さが見てとれる。

忠光卿は二十三日の二回目の攘夷戦には参加し、六月一日、光明寺の尊攘激派の志士五十、六十人と京に戻った。

忠光卿が急遽、京に引き上げた理由について、元下関市立図書館長で歴史家の中原雅夫氏は自著『幕末の豪商志士　白石正一郎』で、尊攘派公卿の中心的存在だった姉小路公知《あねがこうじきんとも》が五月二十日、京で殺害されたことをあげ、「この日、姉小路公知の死が知らされた。中山忠光は京都の情勢が心もとない、ただちに上京と決意し、光明寺党の面々もこれに従うことになった」と説明している。

ちなみに、姉小路殺害は、薩摩藩士、田中新兵衛犯人説があるが、この田中新兵衛も正一郎と縁が深い。

文久二（一八六二）年九月二十二日、京からの帰藩途中、白石邸に一泊し、寺田屋事件の詳細を報告、さらに、同年十月二十五日にも、京に上る途中、立ち寄り、寺田屋事件の犠牲者、森山新蔵の形見として硯《すずり》を届けている。

正一郎の日記は全体を通して、事実だけが簡潔に記されているが、忠光卿に関しては、その言動に悩まされ、翻弄されたからか、感情的な表現が多い。その一方で、自らの感情を押し殺したのではないかと思われる部分もある。

忠光卿は、元治元（一八六四）年十一月十五日、田耕村《たすき》（山口県下関市）で暗殺されたとされるが、正一郎は忠光暗殺のことを一言も日記に記していないのだ。最後に忠光卿の名前が出るのは、慶応元（一八六五）年五月二十四日。平戸藩の藩士に忠光のことを尋ねられ、「一昨年にお泊まりになった。長府藩に遠くに匿われ、お亡くなりになったと聞いた。詳しいことは知らないから、長府藩へお尋ねいただきたい」旨、返答したとあるだけだ。

忠光卿の死を意図的に避けたのかどうかは分からない。ただ、忠光卿が白石邸に滞在したことで尊攘志士の出入りをより活発にし、正一郎の身をより尊攘運動に投じさせたのは間違いない。

欧米列強が相手

攘夷運動が高まる中、幕府は孝明天皇の働きかけもあり、前にも触れた通り文久三（一八六三）年五月十日を攘夷決行の日と決める。この日に外国を追い払おうというのだ。各藩に攘夷の命令が出された中、唯一、外国と実戦を交えたのが長州藩。場所は小倉屋のある長門国の下関だった。下関は攘夷沸点の地となった。

四月一日、毛利一門の毛利能登（元美《もとよし》）が赤間関海防総奉行として下関に赴任すると、正一郎は、二日から攘夷戦に参戦するため白石邸に宿泊する急進派の公卿、中山忠光卿の世話をするかたわら、攘夷決行のため下関に集結する藩士らの宿舎の斡旋《あっせん》に奔走することになる。

『白石正一郎日記』の四月二十一日には、

〈新地へ出張の能登殿手元役工藤半右ェ門より呼ニ来罷出候処此度打払御手当千五百人出張の筈ニて陣屋御取立の筈之処急速の間ニ合不申候尤新地の人家明渡しの御内命蒙来候得共現場於下方其義甚迷惑致し候趣且寺院当地へ一ケ寺之外無之大坪了円寺イ崎利慶海晏御かり上可相成役人見分有之候併兵粮たき出し新ちより遠方の寺院へ持運候而ハ不便理ニ付イ崎の二ケ寺御かり上相成度之処利慶ハ格別も無之候へ北海晏寺不折合の様子此事清末へ申遣候而も隙入可申ニ付貴様取計候様被申付候故早速其取計ニ及清末より二ケ寺へ御達しニ相成候又三蓮寺も御かり入相成候〉

とある。

赤間関海防総奉行の毛利能登の手元役から異国船を打ち払うために下関に集まる藩士千五百人の宿舎用に町家を明け渡させるよう内命されたが、町民が迷惑するため寺を借りることにし、交渉の結果、折り合いがついた了円寺と利慶寺、三蓮寺を準備した。

二十七日には久坂玄瑞率いる一派が来関、三十人の有志に長泉寺《ちょうせんじ》を斡旋し、翌二十八日には、

〈長泉寺ニて久坂へゆる〳〵談話夜ニ入久坂及七八人入来一酌長府より原田粟屋大庭来久坂と一席今夜止宿〉。

久坂らは、その後、光明寺《こうみょうじ》に屯営、光明寺党と称して外国攻撃の主力となる。

当時、長州藩の外国を迎え撃つ態勢はどうだったのか。後に奇兵隊に入隊した長州藩士、金子文輔は、攘夷戦を控えた五月九日の壇ノ浦の砲台の建設状況について『馬關攘夷從軍筆記』の中で、こう伝えている。

「新築ノ海岸砲臺ヲ見ル工事未終又盲目人二人地上莚ノ上ニ座シ太鞁ヲ打ツ聞ク所ニヨレハ官役ノ人夫ノ外當地近傍ノ人民有志ノ徒各村町順番ニテ梅雨蕭々ナルモ數千人ノ人夫砂石ヲ運搬數百人來該工事ニ助勢ス打鞁ノ盲目人モ其一人也ト梅雨蕭々ナルモ數千人ノ人夫砂石ヲ運搬ス聞ク所ニヨレハ砲臺ノ築造ハ夜以テ日ニ繼クト云薄暮歸營雨倍甚シ」

長州藩の攘夷戦に臨む態勢について、中原雅夫氏は『幕末の豪商志士　白石正一郎』のなかで、「盲人でさえ、太鼓を打って工事に当たっているものをはげまして、昼夜兼行の工事が進められているのに、戦力の中心となる本藩士の態度は大へん傍観的である」として、「攘夷決行を前にして不安におののきながらこれに当たろうというのは軽輩といやしめられていた光明寺党や私兵、そして町民などであって、本藩から派遣された正規兵には何の心構えもなかった。幕藩体制を支えていた武士階級の崩壊はすでにはじまっていた」と指摘している。

ただ、攘夷運動の背景については、『週刊朝日百科85　日本の歴史　近世から近代へ　開国』（朝日新聞社）で、幕末・明治維新史専門の歴史学者、井上勝生氏は、幕臣、大久保忠寛（一翁）が、ロシアが文久二（一八六二）年二月、対馬（長崎県）の基地化を画策したことを引き合いに、「いま一朝ことあれば、英、仏は対馬・壱岐・佐渡を、アメリカは伊豆七島を、ロシアは蝦夷地を占領し、淡路島すら危い」と、周辺島しょの列強分有・基地化を危惧していたことを挙げ、「尊攘運動は一面では封建的な名分論に基づく運動でありながら、他面では、こうした半植民地化の危機への民族的抵抗の側面をもっていた」と解説。萩博物館の一坂太郎・特別学芸員も、

当時の大砲のレプリカが置かれた壇ノ浦砲台跡。ここから外国船を攻撃した＝山口県下関市

久坂らがロシアを追い払おうとしたことを挙げ、「徳川幕府の三百年間、領土が侵されるという危機感はなかった。だが、天下国家を考える武士道の教えは形骸化していなかった。『このままでは領土が外国に取られてしまう。外圧に負けてはならない』という思いが攘夷戦のエネルギーの源になった」

と分析している。

そして、五月十一日未明。上海に向かうため下関海峡を通過しようとした米国商船、ペンブローク号を、久坂率いる光明寺党が砲撃した。下関事件の始まりだ。

この第一次攘夷戦について、正一郎は十日の日記に約千二百字で詳細に記している。要約する。

〈十日昼過ぎ、下関海峡の外国船に気づき、二人の配下を連れて亀山台場（現・亀山八幡宮）に視察に向かう。

大砲を準備している十四、五人の長府藩兵に聞くと「奉行の指図があり次第、砲撃する」という。海峡の様子を確認しようと渡場《わたしば》に行くと、四十、五十人が乗り込んだ船が渡場から出てきた。光明寺にいる志士たちで、長州藩の軍艦、庚申丸《こうしんまる》に向かっていた〉

〈引接寺の長府藩本陣に報告に行く。「異国船であれば打ち払う。もっとも、遠くて玉が届かなければ無駄になるので大砲は撃たない」「五月十日の攘夷の御触れが取り消されない限り、打ち払うことに決定している」と、攘夷の意思を確認して、支藩、清末藩の出先機関、竹崎在番役所に伝える。在番は喜び、「亀山下より久坂などが蒸気船へ乗り込んだようだが、分からないか」と尋ねられる〉

〈「配下の者を三、四人連れて、もう一度行き、途中からこの者どもに返答を持ち帰らせましょう」と答え、壇ノ浦に向かった。壇ノ浦の台場に向かう途中、大砲の音に驚いた配下が逃げ出したため、一人で手提灯《てぢょうちん》を持って壇ノ浦に行くと、長府兵が砲撃準備をしていた。庚申丸から大砲が十四、十五発撃たれ、沖の方からも十三、十四発撃ち出した。異国船からの発砲と思ったが、後で聞くと、同じく長州藩の軍艦、癸亥丸《きがいまる》から撃たれたものだった。

久坂らの船が帰ってきたので、戦闘の様子を聞くと、「大砲が三発当たり、異国船は逃げて行った」ということだった〉

長州藩に不可欠な存在に

勝ち戦に、正一郎も久坂らも美酒に酔った。

〈来嶋又兵衛国司殿松嶋剛蔵久坂宮城等来新ちよ芸妓《げいぎ》三人来大酒宴〉（五月十二日）

〈今夜宮城被申能州太夫招請ニ付一盃差出し呉候様との義ニ付用意す夕方より来駕四ツ時分帰省芸妓五人来久坂来嶋松嶋福原清助児玉少助宮城正太郎長沼千熊等十一人也〉（十四日）

とある。

能州とは赤間関海防総奉行の毛利能登のこと。十二日に続いて十四日には、この海防総奉行を交え、久坂ら十一人の志士と芸妓を呼び、大宴会を開いている。

続いての砲撃は二十三日早朝。

〈フランス一艘通行大砲打出し皆々出陣也船のトモヲ打バッテラ一艘流れ寄其外船の木など数々流れ寄候フランス船よりも三発打出ス〉

下関海峡を通ったフランスのキャンシャン号に砲台から攻撃し、フランス船側に死者が出た。

二十四日、筑後国久留米の尊攘志士、眞木和泉守保臣が下関に着き、二十五日には白石邸で尊攘派公卿の中山忠光卿や久坂らと楠公祭《なんこうさい》（楠《くすの》木《き》正成《まさしげ》を祭る）を行い、その後は〈大人数酒宴〉となる。二度にわたって外国船を追い払い、美酒を味わったのだろう。

二十六日早朝には、三回目の攘夷戦を仕掛けた。

〈オランダ船壱艘入津永福寺台場より大砲打出し庚辰丸（原文ママ）癸亥丸其外諸所台場より打出し（中略）異船へ此方の玉六七発当り破裂玉船の中へ打込船遁足おそく相成四ッ時部崎の岬をかハリ遁去候〉

と、下関海峡に入ったオランダ船に三回目の砲撃をする。オランダ船側は親密な関係にある日本が砲撃してくるとは思わず、抗戦したが死者を出し、逃げていった。

三戦三勝。勝ち戦を視察しようと、二十九日、長州藩主、毛利敬親《たかちか》の養子、定広《さだひろ》（元徳《もとのり》）が下関にやってきた。

〈昼九ツ時御着被遊候無程長府候御乗切御出夫より夕御膳も不被召上内御会議有之御家来中被為召夜四ツ時御膳被召上候〉

白石邸が宿泊場所になり、定広は五月二十九日から六月二日まで滞在した。長州藩の支藩である長府藩と清末藩の藩主らも逗留、定広らは軍議を重ねながらも、長州藩は攘夷戦の勝利に酔いしれていた。

欧米列強を相手に「勝った」と有頂天になる長州藩だったが、それで済むはずはなかった。虚を突かれた攻撃で退散した列強が、態勢を立て直して襲いかかってきた。

六月一日午前十時。米国軍艦、ワイオミング号が、ペンブローク号砲撃の報復のため下関に来襲。壬戌丸《じんじゅつまる》と庚申丸の二艦が沈められ、癸亥丸も大損害を受けた。

この日を境に情勢は一変した。近代兵器の前に長州藩の青銅砲は役に立たなかった。

正一郎は二日、現状を記している。

〈今日より前田台場築立の御加勢として廉作庫之進《くらのしん》発頭ニ相成竹崎のもの二三十人召連行白木綿小幟ニ報国尽忠一番竹崎と書付太鼓を打毎日〳〵出勤す〉

（攻撃の拠点である砲台を造るために弟の廉作と自分の長男の庫之進＝のちの東一＝や近隣の住民二十、三十人が動員させられた。毎日、白木綿の小幟《このぼり》に「報国尽忠一番竹崎」と書き付け太鼓を鳴らしながら出かけたため、近くの住民も集まってきた）

だが、砲台増強の労力は町民、農民にも大きな負担になった。

このころ、正一郎の働きは長州藩にとってかけがえのないものになっていたのだろう。四日、長州藩の支藩、長府藩から生涯三人扶持を与えるという沙汰を受けている。

六月五日、今度はフランスの軍艦が二艦やってきて、前田砲台に上陸して徹底的に破壊、二十戸余りの民家に火を放った。一日の攻撃では軍艦が撃ち沈められたが、五日は上陸され、大砲を破壊され、さらに人家を焼かれた。

正一郎は五日の日記に、

〈尊大人母君峯太郎（原文ママ）など二ノ宮へ潜居の致取計荷物要用のもの少々差送ル〉

と書いた。

戦況の悪化をみて、父母や子供たちを下関郊外の一の宮へ疎開させる準備をしていたのだ。

長州藩は、五月十日からの下関事件で全国にその存在をアピールした。しかし、大成果を挙げたと喜んだのもつかの間、六月初旬には報復を受け大敗した。外国を打ち払う攘夷は、現時点では不可能であることを痛切に思い知らされた。

長州藩が態勢を立て直すために呼び出したのが、外国人殺害を計画して謹慎中の藩士、高杉晋作だった。高杉は「奇兵隊《きへいたい》」を結成、攘夷、倒幕への道を進むことになるが、白石邸は引き続き、その舞台として中心的な役割を果たす。正一郎自身、奇兵隊の後ろ盾となり、一層、明治維新へと歩を進めていくことになる。

郵便はがき

100-8077

63円切手を
お貼りください

東京都千代田区大手町1-7-2

産経新聞出版　行

フリガナ
お名前

性別　男・女　｜　年齢　10代　20代　30代　40代　50代　60代　70代　80代以上

ご住所 〒

(TEL.　　　　　　　　)

ご職業　1.会社員・公務員・団体職員　2.会社役員　3.アルバイト・パート
4.農工商自営業　5.自由業　6.主婦　7.学生　8.無職
9.その他(　　　　　　　　)

・定期購読新聞
・よく読む雑誌

読みたい本の著者やテーマがありましたら、お書きください

書名　**国難の商人**

このたびは産経新聞出版の出版物をお買い求めいただき、ありがとうございました。今後の参考にするために以下の質問にお答えいただければ幸いです。抽選で図書券をさしあげます。

●本書を何でお知りになりましたか？

□紹介記事や書評を読んで・・・新聞・雑誌・インターネット・テレビ

媒体名(　　　　　　　　　　　　　　　)

□宣伝を見て・・・新聞・雑誌・弊社出版案内・その他(　　　　)

媒体名(　　　　　　　　　　　　　　　)

□知人からのすすめで　□店頭で見て

□インターネットなどの書籍検索を通じて

●お買い求めの動機をおきかせください

□著者のファンだから　□作品のジャンルに興味がある

□装丁がよかった　□タイトルがよかった

その他(　　　　　　　　　　　　　　　　　　　)

●購入書店名

●ご意見・ご感想がありましたらお聞かせください

(ご回答いただいたご意見・ご感想は広告等で使用させていただく場合があります。)

第四章　奇兵隊

奇兵隊結成の場に

文久三（一八六三）年五月、長州藩が決行した攘夷戦（下関事件）は完敗に終わった。欧米の船に砲撃を仕掛けたものの、米国、フランス両国に近代兵器の威力のすさまじさを見せつけられた長州藩は、態勢の立て直しを迫られる。

藩主、毛利敬親が難局収拾に白羽の矢を立てたのは高杉晋作だった。強い意志と行動力を買われたに違いない。当時、高杉は外国人暗殺などを計画したため謹慎処分を受け、頭を丸めて「東行《とうぎょう》」を名乗り、長州の萩で隠遁《いんとん》生活を送っていた。

下関防衛という藩命を受けた高杉は下関に向かい、六月六日、小倉屋に到着し、初めて当主の白石正一郎と顔を会わせた。

『白石正一郎日記』には、

〈今夜及深更萩より高杉晋作出関止宿〉

と書かれているのみだが、この日から二人の深い交流が始まった。

高杉の動きは素早かった。藩士や農民、町民といった身分を問わず広く声をかけ、到着二日後の八日には、白石邸で、武士も町民も交じった「奇兵隊」を結成した。

六月八日の日記には、

〈高杉当家にて奇兵隊取立相成正一郎廉作井石綱右エ門山本孝兵衛など入隊〉

とある。

高杉晋作（国立国会図書館ウェブサイトより）

正一郎も弟の廉作も奇兵隊に入隊したのだ。この瞬間、下関の一商人だった正一郎は尊攘運動家へと脱皮し、白石邸は奇兵隊結成の場として歴史にその名をとどめることになる。高杉は二十代、正一郎は五十歳を過ぎていた。

奇兵隊は大人気だった。長州藩の正規兵を脱退してまで奇兵

隊に入隊した金子文輔は六月九日、『馬關攘夷従軍筆記』に、

「有志黨《とう》ノ屯營ハ竹崎町白石正市郎（原文ママ）宅ナリ高杉東行統轄ス隊員五六十名許ナリ又有志黨ニ来リ投スルモノハ當地歩兵隊員ノミニアラス萩又ハ徳山長府清末ヨリモ來リ投ス」

と記しているが、奇兵隊の結成が知れ渡ると、入隊が相次ぎ、萩本藩だけでなく徳山藩や長府藩、清末藩からも藩士が押し寄せ、わずか四日間で五十、六十人の大世帯となった。

金子は正一郎を、

「竹崎町ハ清末領ナリ白石正市郎（原文ママ）ハ當地ノ巨商ニテ清末藩ニ在テハ士格ヲ以テ之ヲ遇スト云フ主人正市郎（原文ママ）ハ年齢四十歳（原文ママ）許ナルヘシ爲人温厚篤實《とくじつ》平素勤王ノ志ニ厚ク勤王ノ爲メニ財ヲ散スルモ不尠又椿北堂存在シ舎弟二人アリ次弟ヲ廉作ト云フ又筑前平埜次郎薩州西郷吉之助等ト最モ親善ナリト云フ又中山公子モ春來該家ニ起居シ給フト聞ク」（当地の巨商で清末藩では士分格の扱いを受けている人物だ。温厚篤実で勤王の志に厚く、勤王のために財産を投じている。平野次郎國臣や西郷吉之助らとも親しく、中山忠光卿もこの春、当家に滞在したと聞いている）

と紹介、さらに、

奇兵隊結成の地である白石正一郎旧宅跡。高杉晋作と白石正一郎が生みの親といえる＝山口県下関市

「白石正市郎（原文ママ）一家ノ者有志黨ノ爲ニ奔走シ家族婦女子等ニ至ルマテ朝夕酒飯等給事シ太鄭重ナリ」（白石正一郎一家は有志党のために奔走し、家族婦女子に至るまで朝夕酒飯等を給仕して丁重である）と、白石家が家族あげて奇兵隊結成に協力したとも書いている。

五十歳を超えて正一郎が躊躇なく入隊したのは、藩士に任せてはおけぬ、自らが立ち上がらねば、という思いからであろう。

中原雅夫氏は自著『裏からみた長州の維新史』（創元社）で「安政四年以来、各藩の志士と深い付き合いをしており、運動を続けることの結果が商人としては挫折に終わることは十分に承知しているはずである。それが、そのように決意したのは、攘夷戦という非常事態に対処した時に、清末藩の在番の、保身だけに汲々としている姿を見てあきれはて、立腹している」と指摘。その上で「何のためらいもなく奇兵隊に入隊するということは、彼の心中にかなり熟するものがなければならない」と分析し、「結論として言えば、奇兵隊は高杉晋作が構想を立て、白石正一郎が魂を入れたということになろうか。白石正一郎は、高杉晋作にその生命を賭けたのである」と喝破している。

奇兵隊結成は藩士だけでなく町民や農民にも強い刺激となった。

正一郎は六月十日の日記に

〈今日迄ニて奇兵隊凡六十人余出来〉

と記しているように、白石邸は手狭になり、

〈奇隊連中今日此方引払不残馬関へ陣取相成〉（十三日）

と、本陣を阿弥陀寺と極楽寺に移した。

正一郎自身の周辺も慌ただしくなった。

二十三日に清末藩から奇兵隊御用を務めよというお達しがあった。二十五日には本藩赤間関惣奉行（下関防備総奉行）、国司信濃《くにししなの》に食事に招かれた。そのとき、富くじで戦費を賄《まかな》

おうという話が出たが、正一郎は「よろしからず」（賛成しない）と答えている。民衆の迷惑を考えたのだろう。幅広い層の実情を知る正一郎らしい。

七月二日には清末藩主、毛利元純《もとすみ》に声を掛けられ、国司と高杉も同席で盃を交わしている。

攘夷戦前後からの正一郎の一連の貢献が認められたのだろう。本藩が意見を求めるなど、いかに正一郎に信頼を置いていたか物語っている。ついに七月五日には山口の本藩政府（文久三年四月に本藩政府は萩から山口に）に呼び出され、士分（正規の武士の身分）に取り立てられた。日記によると、次のような紙をもらっている。

覚

一御扶持方弐人（二人分のご扶持を与える）

一米三石弐斗

高にして拾七石（扶持米は三石二斗で、石高にして十七石とする）

白石正一郎

右兼而尊

王攘夷之正義を
弁知し心得宜敷ニ付
去春御用達被仰付
段々御用ニ相立候趣も
有之猶又此度夷船
打払ニ付而は昼夜
心配遂苦労ニ付各別
之筋を以前書之通
御忍扶持被下之三十人通ニ
被召抱御譜代ニ被仰付候事
（白石正一郎は、かねてより尊王攘夷の正義をわきまえ心得、よろしくに付き、昨年春、御用達を仰せ付けられ藩の御用に立ってきたが、この度また、異国船を打ち払うに付き、昼夜心配ばかりをし苦労をかけてきた。各別の筋として以前伝えたとおり、御忍扶持により三十人通として召し抱え譜代になることを仰せ付ける）

つまり正一郎は、「日頃、尊王攘夷に励んできたが、このたびの攘夷戦では大変な苦労をしてくれた」とねぎらいの言葉をかけられ、長州藩の下級家臣で世襲を許される「三十人通」に登用されたのだ。孫藩の清末藩の一町民から一足飛びに本藩の士分に昇格したのだから、相当の出世といえる。

正一郎の〝出世〟について、中原氏は自著『幕末の豪商　白石正一郎』で、高杉が奇兵隊を結成した六月八日、「白石正一郎事、一形ならず周旋仕り候間、何ぞ一かど相立候御沙汰仰せ下され候様」と願い出ていることや、同月十三日にも「白石正一郎儀、本藩御徒士に仰せ付けられ候様、願い上げ奉り候」と書いていることを挙げ、高杉の推薦によるとしている。高杉の正一郎への感謝の思いが伝わってくる。

正一郎は六月四日、長府藩から「生涯三人扶持」の給録と「年始御目見」の沙汰を受け、二十三日には清末藩から奇兵隊御用の達しを受け、そして今度は本藩から扶持を受けることになった。

正一郎の名前は朝廷にも伝わる。正一郎が本藩からの呼び出しで山口に滞在中、勅使《ちょくし》である正親町公董卿《おおぎまちきんただ》が攘夷決行を褒めるため下関を訪問、白石邸に宿泊するという連絡が入った。

帰宅して、廉作が勅使を迎えるため家の造作を行っていることを知った正一郎は、客間を書院造りにして一段高い上段の間を設け、不測の事態に備え、床の間の下から浜門までの抜け道をつくった。万事において考えを巡らす正一郎らしい細やかな心遣いだ。

十五日、勅使が白石邸に到着すると、長府藩や清末藩の家老や役人が訪ねてきたため〈台所大混雑〉（正一郎日記）となる。勅使は十六日、正一郎と廉作、両親に引見、正一郎兄弟は、船での壇ノ浦や前田などの砲台の巡視に同行した。正一郎は、勅使にカツオを十三本献上すると、勅使は返礼として扇子五本と盃二つ、式紙などを送り、二十一日、京に戻っていった。

長州藩は外国船に完敗しながらも、勅使の来訪など白石邸では華々しい光景が繰り広げられた。態勢を立て直し、再び攘夷戦に挑むかと思われたが、長州藩を取り巻く状況は微妙に変化し始めていた。

二十四日、幕府の使者が下関に現れる。幕府の真意は長州藩の攘夷戦をやめさせることにあった。二十八日には、

〈幕船の事先日来いろ〳〵議論有之御かり入今日相調〉
（幕府の船についてはいろいろ議論があったが、今日調《ととの》った）

となり、八月九日の日記には、

〈幕船の役人三人廉作同道穂神吉田年麻呂《としまろ》など来芸妓十人計召連来大さわぎ其末吉田年麻呂抜刀燭台畳などヲキリ申候〉

と、幕府の真意が攘夷を抑えるということに激高したのか、松下村塾の秀才、吉田年麻呂が燭台や畳を切りつける騒ぎを起こした様子が綴られている。幕府は何とか血気盛んな長州藩を抑え込もうとしていた。

八月十三日には長州藩主の世子《せいし》（世継ぎ）である毛利定広が下関を訪問。白石邸は本陣に指名され、十四日には、高杉ら二十人が集まり、幕府への対応を話し合う御前会議が開かれた。

長州藩を取り巻く空気が不穏になる中、長州藩を孤立させる事件が起きる。京都から尊攘派公家や長州藩が追い出された「八月十八日の政変」だ。

正一郎は二十五日の日記に、

〈宮城氏の噂ニ山口ニて京師大変の到来有之よし承ル〉

（京都で大変なことが起きたという話が山口に届いた）

と記している。

弟・廉作の死

文久三（一八六三）年五月に起こした欧米への攘夷戦（下関事件）で大敗した長州藩は、今度は孝明天皇を攘夷運動の先頭に立てて諸藩を倒幕挙兵に導く「攘夷親征」を目指す。

朝廷に働きかけた結果、三条実美《さねとみ》ら急進派公卿が同調し、同年八月十三日、天皇が攘夷祈願のため大和国《やまとのくに》橿原《かしはら》（奈良県）の神武天皇の墓などを参拝する大和行幸《ぎょうこう》の詔勅《しょうちょく》が下った。この詔勅は攘夷親征の内容も含んでいた。天皇の名を掲げて攘夷・倒幕を進めたい長州藩の思惑に向け、一歩踏み出したかにみえた。

ところが一方で、長州藩の攘夷戦が挫折したことで、幕府と協力して公武合体政策を推進しようとする薩摩藩が待ったをかけた。攘夷親征が実現すれば、幕府のダメージは必至だ。薩摩藩は攘夷親征に反対だった会津藩と組んで大和行幸阻止に動き、長州、薩摩両藩による主導権争いが展開されるようになった。

その結果、八月十八日に、親幕派の中川宮（久邇宮《くにのみや》）朝彦《あさひこ》親王や前関白、近衛忠熙《ただひろ》らが中心となり、薩摩、会津両藩が京都御所を支配。長州藩は京を追われ、長州藩と攘夷親征に動いた三条実美や三条西季知《すえとも》、東久世通禧《ひがしくぜみちとみ》、壬生基修《みぶもとおさ》、四条隆謌《しじょうたかうた》、錦小路頼徳《にしきこうじよりのり》、澤宣嘉《さわのぶよし》ら七人の公卿は一掃された。世に言う「八月十八日の政変」だ。

高杉晋作が奇兵隊を結成した白石邸の主、白石正一郎が、この政変の報を得たのは八月二十五日のことだ。

正一郎日記に、

〈京師大変の到来有之よし承ル〉

と記している。

京を追われた七卿は、長州藩兵に守られ、蓑笠《みのかさ》に草履履きという姿で夜の雨に打たれながら歩いて長州に向かい、二十七日までに三田尻《みたじり》（山口県防府《ほうふ》市）の毛利家の茶屋、大観楼（招賢閣《しょうけんかく》）に入った。「七卿の都落ち」の道中姿は、山口県下関市の大歳神社に建つ記念碑『七卿烈士潜寓画碑』に写刻されている。

長州藩からすると、七卿は重要な客。七卿の警護を担当したのは高杉が編成した奇兵隊で、九月六日、秋穂《あいお》（山口市）の万徳院に本陣を置いた。奇兵隊に入隊していた正一郎と弟の廉作《れんさく》も同地に赴いた。

二日後、正一郎は奇兵隊の「会計大見ケじめ役」を命じられた。会計担当といっても、れっきとした隊士。有事に備え、隊士の指導で弓の稽古を始めている。奇兵隊は九月二十五日に秋穂から三田尻に転陣、正一郎と廉作も一緒に本陣の正福寺で、七卿に拝謁した。正一郎はこの日、病気の伍長の代役に任じられたが、この頃から、事態は予想外の方向に動き始める。

七卿を迎えた長州藩に予想外の動きをもたらしたのは、九月二十八日、尊攘派の福岡藩士、平野次郎國臣が三田尻にやってきたことだ。正一郎日記には、

〈平野二郎（原文ママ）陣屋へ来三但州辺の事承ル大和ニて侍従様の勢凡六七千人ニ相成よし承ル〉

とある。

侍従とは、尊攘派公家の中山忠光卿のことで、当時、忠光卿を擁した尊攘派浪士たちの「天誅組《てんちゅうぐみ》」が、攘夷の勅命を幕府に伝え、実行しない場合は倒幕に出て一気に王政復古をしようと計画、大和国で挙兵していた。

ところが、八月十八日の政変で大和行幸が中止になり、天誅組は孤立、苦戦を強いられ

ていた。平野は但馬国生野《たじまのくにいくの》（兵庫県朝来《あさご》市生野町）での天誅組挙兵を計画、七卿に応援を呼びかけるのが目的だった。

澤宣嘉卿の流れをくむ澤家の末裔の一人で郷土史家の澤忠宏氏は、八・一八政変からの経緯を『郷土　第33集』（下関郷土会編）に次のように記している。

「八月十八日、親幕派の朝彦親王（中川宮）近衛忠熙・忠房父子らと薩摩・会津両藩と予め計画されていた如く、未明に御所九門は両藩の兵で固められた中で朝議が開かれ、親幕派公家に押切られた形で天皇も尊攘派排撃が決定され、三条実美ら尊攘派公家七名は長州藩と共に京都から追放されたのであった。

一行は三田尻に滞留したが、この時、これより先に大和へ向かった中山忠光卿の勤皇軍が苦戦に陥っている事を知らされた。これを援けるため平野國臣等は生野但馬に入り農兵を募り挙兵計画を立てその総帥に三条卿を奉じんが為め急拠三田尻へと下った、時に文久三年九月二十八日であった」

平野の呼びかけに七卿の一人、澤宣嘉卿が参加することが決まった。十月二日、澤卿を総大将に、高杉の後を継いで奇兵隊総督になった河上弥市ら二十七人が生野に向かった。その中に廉作の姿もあった。

正一郎はこの日の日記に、

〈今夜沢主水正様御脱走川上（原文ママ）始廉作其外八人脱走御供す〉

（今夜、沢主水正様が脱走された。川上はじめ廉作その他八人がお供した）

と綴っている。

天誅組への応援には、廉作だけではなく、正一郎自身も向かうつもりだったようだ。

正一郎の甥、大庭景陽の回顧録『長州政変』によると、正一郎が荷物をまとめて船の乗り場に向かうと、澤卿らを乗せた船はすでに出航していた。正一郎は大声で呼び止め、「白石正一郎なり其舟止めて乗るを得せしめよ」と叫んだが、船からは「一家にして二人相乗るを許さず兄幸に國家の爲に盡《つく》せ」（一つの家から二人は乗せられない。兄上は国家のために励んでほしい）と返答があり、夜の海に進んでいってしまったという。

正一郎日記は、さらに、

〈夜ニ入伍長会議無程又々東久世少々様四条侍従様御脱走警衛として弓隊其外三十人計行三田尻問屋口より御乗船之処今夜汐干御乗船不相成御茶屋へ御帰殿〉

（夜に入り、東久世少々様と四条侍従様も脱走され、警衛として弓隊その他三十人が同行。三田尻問屋口からご乗船されるはずだったが、干潮のためご乗船できず、御茶屋にお帰りになられた）

とあり、後発組は潮に乗れず、出航できなかった。
正一郎日記は言う。
〈今朝より馬の稽古始伊東貞蔵をしへ呉候〉（十月二日）
〈三田尻浜向嶋の此方にて調練弓矢を負出陣〉（同月十二日）
正一郎自身、弓だけでなく、廉作らが出航した二日には初めて乗馬の訓練を始めている。十二日にも訓練をしており、奇兵隊員として戦う準備と覚悟をしていただけに、一足違いで船に乗れなかった悔しさは相当であったろう。
だが、追い打ちをかけるような悲劇が待っていた。天誅組応援に向かった澤卿らだが、すでに天誅組は壊滅していた。澤卿らは農民らを巻き込み挙兵するものの、親幕派の周辺諸藩が続々挙兵し、窮地に追い込まれた。
解散するか、それとも戦うか。路線対立が起き、解散を唱えた澤卿や平野は逃れていったが、廉作は河上らと主戦を唱え、十四日、生野の北にある妙見山（兵庫県朝来市）で自刃《じじん》した。数え三十六歳だった。
正一郎が廉作の死を知ったのは、およそ一カ月後の十一月十日。日記には、
〈久藩渕上郁太郎来陣但州ニて廉作など割腹の事承ル〉

とある。短く素っ気ない書き方だけに、正一郎の無念さが伝わってくる。

思えば廉作は白石家の政商活動の大半を、正一郎に代わって取り仕切ってきた。薩摩藩との貿易を画策した際には、まず廉作が薩摩藩に出向いている。重要な局面には、ことごとく廉作が立ち会ってきたといっていい。ともに奇兵隊に入隊、志も一緒だった。弟の死に対する正一郎の落胆はいかばかりだったか。

廉作は遺書を残していた。正一郎宛てに書いたものは、澤卿らと船で出発した十月二日付。直前に走り書きしたのだろう。字は大きく乱れている。

「別紙之封夫々御届被下度候　十月二日従問屋口　今夜以義脱奔仕候跡之事　為　国家御尽力可被下候事」（今夜、義のために向かう。後のことを頼む。国のために尽力してほしい）

で始まり、律儀な性格らしく私物や短刀、槍の処理、酒代の支払い、貸し借りの後始末など、こまごまとしたことまで後事を託している。「別れ」の言葉はない。

廉作は出発の一カ月も前の九月には、すでに両親や親族に手紙を書いていた。

「在陣中只々徒然是迄之美酒佳肴に乏しく是のみこまり入申し御推察被下度候」

で始まり、正一郎の長男、庫之進には、

「貴公読書撃劔其外諸稽古事無怠懦御出精可被成陣中老幼の差別無之皆々一段之奮励小生

等殆赤面之至に御座此節は両人共弓鎗之稽古相初閑暇には読書のみいたし居事に御座」

と、読書や剣撃、そのほかの稽古を怠らないよう言い残し、さらに、

「峰太郎事別而御教誨日夜御引立是祈別而手習第一に候間厳重御申諭被下度候」

と、我が子の峰太郎を指導するよう頼んでいる。

まさに遺言で、九月の時点ですでに覚悟していた。

正一郎にとって、この三田尻は七卿との出会いの場であり、同時に弟、廉作との永久の別れの場所でもあった。

ちなみに、生野の挙兵で撤退し、潜伏生活を送っていた澤卿は、翌元治元（一八六四）年六月十二日、白石邸を訪れている。勝算のない戦いから撤退した澤卿に対し、主戦を唱え、自刃した廉作。正一郎が澤卿に対して微妙な思いを持ってもおかしくない。

しかし、十三日の日記には、

〈沢様御乗船御別盃さし上前田御台ば迄正一郎御送申上御船ニて又々御弁当御酒差上候〉

とあり、弁当や酒を献上し、もてなしている。

中原雅夫氏は「澤は『廉作を死なせて、自分だけが生きのこっておめおめお会いすることはまことに申しわけない』と、頭を下げるので、正一郎はそれを押しとどめ、『廉作の死

はわが家のほまれである』と答えて、酒を出し、廉作の妻の延子に琴をひかせた」(『幕末の豪商志士　白石正一郎』)と綴っている。

明治二(一八六九)年、白石邸を再訪した澤卿は、下関海峡の中で最も潮流が強い早鞆《はやとも》ノ瀬戸を例に挙げ、「五年前、白石邸に一泊した後、別れを引き留める気持ちは、瀬戸の強い潮流をどうにかして止めたいと思うのと同じくらい強かったのを思い出した」という意味の文章を記し、歌を詠んでいる。

西郷との出会いから尊攘志士や公家たちとの交流、奇兵隊入隊、七卿との出会い、そして最も信頼する弟、廉作の死……。白石家は時代の流れに巻き込まれていた。だが、まだ、明治維新の顔は見えてこない。

六人の尊攘公卿が来訪

文久年間に入り、寺田屋事件(文久二年四月)や攘夷戦(同三年五月)、奇兵隊の結成(同六月)、七卿の都落ち(同)……と、どっぷり時代の流れに飲み込まれた白石正一郎には、文久三（一八六三）年秋の但馬国生野（兵庫県）の挙兵で弟、廉作を失った悲しみに打ちひしがれている時間はなかった。

八月十八日の政変で長州に落ち延びてきた七人の公卿を護衛するため三田尻（山口県防府市）に駐在していた奇兵隊は同年十二月二十三日、下関へ転陣し、正一郎も下関・竹崎浦の自宅に戻った。

年が明け、元治元（一八六四）年三月十五日、奇兵隊総監の赤禰《あかね》武人《たけと》から、三条実美ら公卿が下関に来る、白石邸を宿舎にするから準備するようにとの連絡が入った。但馬生野の挙兵で陣頭に立った澤宣嘉卿を除く三条実美と三条西季知、東久世通禧、壬生基修、四条隆謌、錦小路頼徳の六卿は三田尻に潜居していたが、下関の防御体制の視察のため下関を訪れ、白石家に滞在するというのだ。

六卿は三月二十七日、清末藩主、毛利元純のあいさつを、長府藩主、毛利元周《もとちか》からもてなしを受け、同夜、白石邸に入った。

正一郎の日記には、

〈御六卿様夜ニ入被遊御入候誠大混雑也暫して拝謁被仰付候〉

とある。

これまで白石邸は、多くの尊攘志士や公家、藩主らをもてなしてきたが、六人もの公卿が一度に来るとなると話が違う。日記には「大混雑」とあり、正一郎の心労は相当だっただろう。三条らは四月三日まで白石邸に滞在したが、正一郎はこの間、つきっきりで世話をしている。

日記によると、六卿は白石邸に入った翌日、早速、壇ノ浦の台場を視察して亀山八幡宮と阿弥陀寺に参詣した。正一郎は死んだ弟、廉作の長男、峰太郎と軍装して仕えている。

〈昼過より檀浦台ば御覧亀山へも御参詣被遊候正一郎峯太郎（原文ママ）軍装にて三条様御備之内へ御供すさて炮発御覧済御帰路阿弥陀寺へ被遊御入　安徳帝御拝礼被遊夕方御帰館〉

もはや商人ではなく、一人の尊攘志士だ。

ただ、初日から想定外の事態が起きた。

六卿の一人、錦小路頼徳卿が体調を崩したのだ。二十八日の日記は、

〈今夜錦様御不例茶室へ御休被遊候〉

と続く。

六卿は翌二十九日、前田、彦島の両砲台を巡視する予定だったが、錦小路卿の病状が良くならないため延期、予定を変更して櫻山《さくらやま》招魂場（現・櫻山神社）に参詣した。櫻山招魂

場は、高杉の発案で、攘夷戦での戦没者の霊を慰めようと、正一郎が陰の力となって竣工を急いでいた。

四月一日になっても、錦小路卿の病状が良くならなかったため、五卿だけで引島（現在の彦島）に渡って台場を巡視、正一郎は実子の庫之進と峰太郎の三人で供をした。正一郎の日記には、引島にある港、福浦の近くで大砲の試射や農兵の小銃訓練を、また、昼食の後、小銃陣や大砲を数十発撃つのを見たとある。

正一郎はこの日、錦小路卿を看病するためわざわざ知り合いの妻を雇っている。日記には、

〈今日より中野万三内錦様御看病ニ来ル〉

（今日から中野万三の妻が錦様のご看病に来る）

とあり、正一郎の気配りが伝わってくる。

一週間の滞在中、白石家は家族をあげて六卿に尽くしたのだろう。三条ら五卿は四月三日、山口に戻るが、前日の二日、三条卿が自ら着用した白綾の小袖を正一郎の父、卯兵衛《うへえ》に下賜《かし》するなど、さまざまな物が贈られている。日記には、

〈三条様より御召古白あやの小袖一ツ父君へ頂戴被仰付候外御方様より鯛二尾酒壱斗頂戴

被仰付候夜ニ入正一郎庫の進御五卿様より御酒頂戴被仰付御たにさく等いろいろ頂戴す〉

と記されている。

白石家に感謝を示す短冊もあった。

妻子らも心ひとつに国のため　つくせる宿ぞさきくもあらめ（三条実美）

（妻子たちも心を一つにして国のために尽くした宿「白石邸」にこそ幸いがあるだろう）

忠臣侍旦

けふもとく君につかへむ真心は　あかつき毎に替らさりけり（三条西季知）

（今日も君にお仕えする真心は、夜明けのたびに変わることはなかった）

おのかみはおもいすてかにかくは　こころかなしき秋のゆうくれ（東久世通禧）

田家秋風

おしかねる賤か山田のひたすらに　あはれもよほす秋の夕かせ（壬生基修）

三条卿はこれとは別に「積善家必有余慶」と揮毫、白石家に下賜している。

体調を崩した錦小路卿は白石邸にとどまって療養を続けたが、容体は悪化するばかりだった。『郷土第14集』の『白石正一郎とその周辺』（阿月健治著）によると、長州藩主、毛利敬親が侍医の赤川玄櫟《げんれき》と島田良岱を差し向けて診察させたが、四月二十五日、永眠した。三十歳だった。

正一郎は、死の前日の二十四日の日記に、

〈錦様より縮めん御ひふ御扇子金五百疋頂戴其外召仕之もの用達通ひ子供井石塩定迄も頂戴被仰付候同日波多野取計上より金三十両頂戴錦様俄ニ御容躰御大切御吐血被遊候〉

（錦様よりちりめん、御ひふ、御扇子、金五百疋《ひき》を頂いた。そのほか、召使い用のものや子供のもの、出入り商人の井石塩定までも頂戴した。同日、波多野の取り計らいで上様から金三十両を頂いた。錦様はにわかにご容体が悪化、吐血あそばされた）

と綴り、二十五日には、

〈錦様被遊御逝去候早速山口へ急飛脚田処壮介行〉

と記している。

正一郎の甥、大庭景陽の回顧録『長州政変』によると、錦小路卿は激しく吐血した二十四日、死を覚悟したのか正一郎を枕元に呼ぶと、

今の人はといへかくいへ君かため　つくすまことは神そしるへき
（君のために尽くす誠は神のみが知るだろう）
はかなくも三十路の夢はさめにけり　赤間か關《せき》のなつの夜の月
（夢は迷いがなくなった。赤間が関の夏の夜の月のように）

と辞世の歌を詠み、正一郎に縮緬の小袖や扇子などを下賜した。

錦小路卿の遺体はその後、山口に運ばれ、葬られた。看病を続けた正一郎には、慶応元（一八六五）年十月二十一日、錦小路家から御所人形や西陣織の楊枝入れ、煙管《きせる》入れ、紙入れ、紅猪口など頼徳卿の遺品が贈られている。

正一郎は日記に、

〈京都錦小路様御内渡辺左衛門より来書去子七月出の手紙並左の品々今日山口よりとて到来す錦小路様御滞館中の御挨拶として十品箱入ニして送り来頂戴被仰付候昨子七月の渡辺

の書状也察スル処去秋山口迄罷下り山口へ托し置候分山口にて失念と相見へ大に延行今日到着也
内侍所御久米　玄猪二包　御たにざく三葉　たばこ入一組　楊枝さし二ツ　御所の御箸三ぜん　御所の御茶わん一組　但し茶わん二ツ猪口壱ツさら二まい　紅猪口二ツ　ふしの粉五袋　糸入一ツ
以上十品也外ニ文庫一扇子五本手ぬぐひ二ツ楊枝はさミ二ツ紅猪口一ツふしの粉三袋盃二ツ以上七しな中や万蔵後家お千枝へ被下候分　一同送り来り直様中や万三家内へ差遣わ候〉

と書き残している。

「お千枝」とは、錦小路卿が白石家で病に臥せった際、正一郎が身の回りの世話を頼んだ女性で、錦小路家は彼女にも遺品を贈っている。

正一郎と公卿とのあつい信頼関係は、澤卿との間にも見られることはすでに触れたが、『幕末の豪商志士　白石正一郎』は、澤卿が元治元年六月十二日、白石家を訪ねた際、同席した久留米藩士、原道太が正一郎の立ち振る舞いに「国家の為とは申しながら、先き程より健気なる御振舞、ほとんど感ずるに余りあり、如何てか君を煩わして此断腸の曲を聞くに堪えんやと、男泣きにぞ泣きにける、卿も亦ひそかに御衣の袖を湿おし給いしとぞと、述べた」と記している。

澤卿は明治二（一八六九）年、白石家を再訪し、この日の思いを回顧してこう詠んでいる。

甲子の夏赤間関にやとりて、白石資興かもとにひと夜あかして、わかるる時引とめんこころは、やたけ引しほのはやとのせとを、いかにとかせんとありけるを、ことし己巳の春、またこの所にふなとまりして、こしかたをおもい出て

宣嘉

名にしおふ引しほのみの年波も
　はや五とせに立かはりけり

正一郎の一連の言動からは、白石家の公家に対する深い敬慕の思いが、公卿の対応からは、公卿たちがいかに正一郎と白石家を信頼していたか、そして両者の間のあつい信頼関係が重く伝わってくる。文久三年から元治元年にかけ、白石家は、幕末から維新に向かう大きなうねりの中で、立ち位置を模索する長州藩の本陣の役割を果たした。それと並行す

るように正一郎は尊攘志士の顔が強くなり、反対に商人の顔が消えつつあった。

負けても領土を守った長州藩

長州藩が文久三（一八六三）年五月、外国船の攻撃（攘夷戦、下関事件）に踏み切ったのは、幕府や諸藩を攘夷に巻き込み、朝廷を中心とする政治に改革したかったためだ。

しかし急進的な尊攘派の長州藩は、朝廷と幕府が一体となって改革しようという公武合体派の会津、薩摩両藩によって、同年の「八月十八日の政変」で京から追い出されてしまう。

復権を狙う長州藩は翌元治元（一八六四）年七月十九日、天皇を掌中に取り戻そうと兵を率いて上京するが、会津、薩摩両藩を中心とする幕府軍に撃退され、尊攘派の中心人物だった長州藩の久坂玄瑞や久留米藩の眞木和泉守は自刃に追い込まれた。「蛤《はまぐり》御門《ごもん》の変」である。

白石正一郎のもとに、蛤御門の変の報が届いたのは七月二十四日。『白石正一郎日記』に

は、

〈筑前戸田六郎来京師過十九日変動の事承ル〉

とある。

久坂も眞木も、思想面では正一郎と気脈が通じていた人物。わずかな文字数でそっけないが、それだけに正一郎の無念さが伝わってくる。

正面突破に失敗した長州藩は、孤立しただけでなく、蛤御門の変で御所に発砲したことなどを理由に、朝敵と見なされた。幕府は西国二十一藩に長州討伐《とうばつ》への出兵を命じる。さらにこの頃、文久三年の下関事件で長州藩に砲撃されたフランス、オランダ、米国に英国が加わった列強四国が、下関海峡の通航の安全を名目に長州を襲撃するという噂があった。長州藩にもそうした動きは伝わり、砲台を強化するなど、藩内の危機感は高まっていた。

朝敵の烙印を押された長州藩は内憂外患に追い込まれた。同藩の高杉は『題焦心録』として、

「内憂外患吾州に迫る　正に是れ邦家存亡の秋　将に回天回運の策を立てんとす　親を捨て子を捨つる亦何ぞ悲しまん」

などと詠んでいる。

前門の虎後門の狼を抱えた長州藩は、幕府の征長命令に対し、蛤御門の変の責任者として国司信濃、益田右衛門介、福原越後の三家老の首を差し出し、危機を脱した。

しかし、列強四国軍の長州攻撃は具体化していた。

五穀豊穣《ほうじょう》を祈る亀山八幡宮（山口県下関市）の五穀祭は、毎年八月一日から三日間行われる。この年も街を挙げてにぎわった。

しかし、噂通り、列強四国の連合艦隊が来襲してきた。この当時に築かれた前田砲台を中心に、下関海峡は戦闘の舞台となり、硝煙の海と化す。会計方として長徳寺に置かれた前田本陣に詰めていた正一郎も奇兵隊員として戦闘に参加、その模様を日記に書き残している。

〈八月四日、合図の大砲が聞こえたので前田砲台に上がると、沖に異国の船十七、十八艘が停泊している。台場から約二里（約八キロ）の距離だ。各自、持ち場を守り、夜に入ったので台場で一睡した。奇兵隊惣管の赤禰武人と山県狂介（有朋）が馬関惣奉行のところへ連絡に行く。夜半に、異国の船が海峡を通り抜けるだけなら無事に通過させ、もし先方から砲撃してきたなら打ち払え、という藩命が届く〉（日記を現代語で要約）

『幕末の豪商志士　白石正一郎』によると、この日は戦わず、連合艦隊は夕暮れ、軍楽を演奏していたという。同書には「反して下関の市中はシトミ戸を下ろして市民の姿は全く見られず、諸隊にも戦う意欲はなかった」とある。

連合軍側が動いたのは五日。

〈朝方、馬関惣奉行所が艦隊と折衝したところ、艦隊からあくまでも砲撃するという返答があった。各自、受け持ちの砲について待機していると、八ツ時、七艘が撃ち始めた。こちらも撃ち始め、三十発ほどずつ撃った後、ひとまず止めてみたが、相手は一向に休む気配がなく撃ち続け、激しい砲戦になった。七ッ半ごろ陣屋に引き揚げたが、その夜、相手方は台場に上陸し、砲の火門に釘を打ち、家々に火をつけて焼いた〉(日記を現代語で要約)

奇兵隊の金子文輔は『馬關攘夷従軍筆記』で、

「朝四ッ時過キヨリ我壇ノ浦ノ砲臺ニ向テモ砲撃シ九ツ時頃ヨリ最モ劇烈山鳴リ谷對ヘ百雷ノ一時ニ發スルカ如シ我第八番架砲砲手奇兵隊福田直右衛門彈丸ニ觸テ卽死ス身體粉砕体軀捨收スヘカラス首ハ右手ニ接シ左手擘ヨリ列ヶ兩足ハ膝ヨリ存シ餘ハ皆粉砕シ所在認セス余ハ此時第九番架砲ノ傍ラニアリシ敵艦ノ砲撃倍急ナリ七時頃又玄武隊某モ亦彈丸ニ觸レテ卽死ス薄暮敵艦田ノ浦ニ退ク」

と、敵砲弾の威力に率直に驚き、こう続けている。

「夜又敵艦奏樂スルヲ聞ク　此日軍監山縣片山福田等十字槍ヲ携ヘ指揮ス今夜炮臺上ニ在リテ酒飯シ又敵艦ノ奏樂ヲ聞テ三四發ヲ發砲スト雖モ巨離遠ク彈丸敵艦ニ不達前田其他ノ砲臺ヨリ報知ニ云ク前田砲臺ハ尤多數ノ彈丸ヲ被リ彈丸又臺キントスト櫻場ハ砲臺ハ崩壊シ再ヒ用ユ可ラサルニ至ルト」

この夜も、艦隊から軍楽が響いてきた。かっとなった奇兵隊士が三、四発、大砲を撃ったが遠くて届かなかった、というのだ。

翌六日は最大の激戦になった。

〈早朝から砲声が聞こえた。陸上戦の覚悟で、各々《おのおの》が甲冑《かっちゅう》に身を固め、得意の武器を持って待機していた。壇ノ浦の台場は今朝から砲撃を受け、即死者や負傷者も出た。相手方が前田海岸に上陸して来た。六回は追い払ったが、昨日からの苦戦で各自疲労しており、しかも、惣奉行からの援兵がない。ようやく長府から小銃二隊が加勢に来たが、陸戦中の兵は休む間もなく、闘い疲れて持ちこたえられず、退却した〉（日記を現代語で要約）

武術にたけていない正一郎が尊攘志士として必死に戦場を駆け回る姿が目に浮かぶ。

七日は、

〈過ル四日よりのツカレニ付今日ハ一日休足して軍議有之夕方ニ至り明朝出陣の調練す夷人少々宛上陸所々炮声す〉

とあり、疲れのため戦闘はなく、翌日の出陣に備えて調練したが、連合軍側は少人数の兵を上陸させ、大砲の鹵獲《ろかく》や破毀《はき》を続け、砲弾を海中に投棄した。

戦いは八日昼頃まで続き、連合軍側が打ち込んだ弾は二千五百発余り。死者は長州藩が十八人、連合軍側は十二人で、長州藩の砲台は砲撃され、占領され、破壊された。

『郷土　第4集』掲載の『攘夷戦における彼我の戦力』で中原雅夫氏は「英艦コンカラーなどは実に四十八門の砲をそなえており、しかもその砲ははじめて海戦に使用するアームストロングの最新式砲であり、その砲丸は長弾といって長州人をおどろかせた。それに対してこちらは先ごめ砲で、一発うったあとは筒の中を掃除して、またうつという調子で、一発うつのにおよそ五分〜七分はかかった。戦わずして勝敗はあきらかであった」と分析している。

長州藩と連合軍は八日から講和交渉を始めた。このとき長州藩の講和使節に立ったのが高杉だった。正一郎日記には記載されていないが、高杉は、連合軍側が求めて来た講和条件の一つ、引島（現在の彦島）の租借を拒否したとされる。

講和交渉の通訳を務めた伊藤博文が明治四十二（一九〇九）年七月、通報艦、軍艦満州で下関を出て引島にさしかかった際、甲板上で随行者に語った話として、『彦島懐舊《かいきゅう》』（伊藤公全集　第三巻）に、こう記されている。

「此の島は、往年、甲子の歳に、英吉利、佛蘭西、亞米利加、和蘭の聯合艦隊が馬關を砲撃して長州が敗れて、高杉と吾輩が、藩公の命で、英吉利の軍艦に往つて講和談判をしたとき、先方から講和條件の一つとして、暫く租借したいと申出でた島ぢや。吾輩等は、租借といふことの國權に及ぼす影響などゝいふ理窟は、まだ能く知らなかつたのぢやけれど、なにやら土地を貸すといふことが氣味悪るく思はれてならなかつたので、一圖に反對した。それで、先方でも強ひてとは言はぬで、とう〳〵條件中から取除いたが、今から考へて見ると、危い所ぢやつた。あの時飽くまで要求されたら、此方は内外ともに苦んで居つた際ぢやから、餘儀《よぎ》なく承諾することになつたかも知れぬ。さうなれば、此の島は丁度今日の香港と同じことになるし、馬關は九龍となる所ぢやつたらう。考へるだけでも身の毛の竦《よ》立《だ》つ談しぢや。何んであの時先方が主張を固執せなんだか、その譯は今以て判らぬが、察するところ、先方も聯合軍のことぢやで、たとひ此の島を租借したとしても、一國で専用する譯には行かぬ、いろ〳〵面倒な問題を貽すことになるから、それで思ひ切つたのぢやらう、何んにしても我國の幸ひぢやつた」

拒否しなければ、日本は香港になっていた、というのだ。

伊藤も高杉も、領土の重要性を十分認識していた。古川薫氏は自著『将軍慶喜と幕末の風雲』で、次のように当時の日本人を評価する。

「四ヵ国の連合艦隊が襲撃すると聞いて、幕府はあわてた。長州藩への憎悪はあるが、さりとて日本の領土内に外国の武力が行使されるということは、幕府の存立にも危機を及ぼすのではないかとの不安があるからだ。それは清国の政情から得た教訓であった（中略）だが幕府の要路はさすがに外国の内政干渉を極力こばみつづけた。先進諸国の武力が国土に上陸することを回避し、それにすがることをいましめる態度を最後まで貫いたのは、あいまいで弱腰な幕府の幕末対外姿勢のなかにも、ひとすじの見識を示すものであった。一方、反幕行動に終始した長州藩にしても、同様である。そうした当時の日本人の英知が、極東にのびてきた欧米国際資本の手からわが国をかろうじて守り、植民地化を防いだといえる」

しかし、攘夷の寵児《ちようじ》だった長州藩は、蛤御門の変に続き欧米列強の火力の前に屈すると、藩内の尊王攘夷派は急速に失速し、幕府への恭順を示す俗論派（保守派）が躍り出るようになった。奇兵隊には解散命令が出された。
尊攘運動の終幕は、尊攘運動家、白石正一郎の敗北でもあった。日記には、
〈和議一条承リ各議論致見候得共今更無詮方〉（同月九日）
と、無力感が記されている。

白石の意外な言葉

幕府によって西国二十一藩に長州征討《せいとう》の命令が出された上、欧米四国の連合艦隊に敗れた元治元（一八六四）年以降、長州藩では幕府に恭順の姿勢をとる保守派（俗論派）が台頭、恭順に反対する井上聞多（馨）が襲撃されるなど急進尊攘派（正義派）排除の嵐が広がった。

この第一次長州征討は直接の戦闘行為こそなかったが、長州藩の家老や参謀は粛清された。急進派の代表、高杉も保守派に狙われた一人で、同年十月二十九日、白石邸に駆け込んだ。

『白石正一郎日記』に、

〈昼高杉東行来訪座敷へ潜伏萩俗論大沸騰の由承ル夜半九州より渕上郁太郎登り来夜八ッ時分野唯人の宿長太方へ行正一郎行也鶏明頃渕上を尋ねて佐世氏来訪〉

とある。

高杉を匿《かくま》った正一郎は自分で、下関に滞在していた野唯人（福岡勤王党の中村円太）の宿に足を運び、高杉が逃げ延びてきたことを知らせた。またこの日、久留米藩を脱藩していた渕上郁太郎が来訪、その渕上を佐世八十郎《させやそろう》が訪ねている。佐世は、長州藩士、前原一誠《まえばらいっせい》のことで、高杉は渕上、前原と世相を語り明かしただろう。

白石邸に三泊した高杉は十一月一日、名を谷梅之助と改め、正一郎の弟、大庭伝七と野唯人と筑前国（福岡県）に亡命。福岡藩士の未亡人で、勤王歌人の野村望東尼《もとに》の平尾山荘に身を隠した。

尊攘派公卿の三条実美ら五卿も保守派台頭のあおりを受け、追放される危機にあった。十一月十六日、奇兵隊らに守られながら長府城下に入り、長府毛利家の菩提寺《ぼだいじ》・功山寺《こうざんじ》に身を寄せた。五卿はこの日から約二カ月間、功山寺の方丈の間に潜居することになる。

五卿は急進派にとって「錦《にしき》の御旗《みはた》」のような存在だった。奇兵隊ら諸隊は五卿を護衛するため長府城下に集結した。正一郎と実子の庫之進も、奇兵隊が本陣を置く覚苑寺に詰めた。五卿を慰めるためだろう。正一郎は同月二十三日、重箱に極上の酒の肴《さかな》を詰め、上酒五升を五卿に献上している。

一方、野村望東尼の元に身を寄せていた高杉は、保守派打倒を決意する。十二月十五日、功山寺に三条卿ら五卿を訪ねて出陣の挨拶をすると、五卿を守り長府にいた伊藤俊輔（博文）や石川小五郎、佐世八十郎らと挙兵した。三条卿は出陣する高杉に「忠義塡骨髄」と書いた旗を与えたと伝えられている。

決起隊は長州藩の下関の拠点、新地会所を襲って占拠、武器や食料を奪い、大坪町の了円寺で態勢を整えた。

正一郎は盟友、高杉の挙兵について、十二月十五日の日記に、〈今夜八ツ時高杉はじめ慕（原文ママ。※暴のことか）挙党馬関へ出ル〉と記している。高杉と親交の深い正一郎がなぜ、「慕（暴）挙党」という言葉を使ったのか。

前下関市立歴史博物館館長の町田一仁氏は『白石正一郎と幕末の下関』の中で「保守派が実権を握ったため、正一郎は藩権力を背景とした商取引の拡大も経営の維持も困難になってしまった。この時期、正一郎は一時、保守派との妥協を図る奇兵隊幹部の赤禰武人を支持していたようだ。それ故、藩に対して武装蜂起した高杉の功山寺での挙兵を暴挙党と批判した」と、商人でもある正一郎の複雑な立場を解説している。

倒幕への裏舞台

年が明けた元治二（慶応元、一八六五）年一月、高杉は再び挙兵、保守派である藩正規軍と全面対決となった。

正一郎は一月三日の日記に、

〈きのふの夜半遊撃軍新地会所及俗吏等に夜襲をかけ候処俗吏背（原文ママ）大ニ恐怖大小刀をも取あえず散乱の由恥しかき事ども也〉（遊撃隊、新地会所や俗吏に夜襲をかけたところ、俗吏は大いに恐れをなし、大小もとりあえず散乱していった。恥ずかしいことだ）

と記し、「慕（暴）挙党」の文字はない。

同月八日も、

〈一昨六日夜凡八九十人夜襲を懸候処賊軍大狼狽器械など多く打捨散乱賊死人二十人余有

之由隊中ニも藤村太郎天宮慎太郎討死其外手負三人有之由矢野登一よリ承ル早速右之次第遊撃軍へしらせ候処無程高杉久保無二蔵両人来矢野大庭打寄談合夜に入各退散其あとに細川左馬之介高杉を尋て来り門口より立ながら申様只今八幡隊より報知有之財満新三郎討取候段相聞へ候段しらせ呉候〉

と詳述、白石邸が作戦会議の拠点になっていたことをうかがわせる。

内戦の結果、高杉が藩権力を奪取した。

町田氏は「藩権力を奪取した高杉は、武備恭順策により挙藩軍事体制を作り上げ、幕府との直接対決へと踏み出し倒幕派へと脱皮した」と指摘する。武備恭順策とは、幕府に対して表面上は恭順の意を示しながら、内部では軍備を充実、強化して幕府の再征に備えようという策で、長州藩はそれまでの尊王攘夷論ではなく、富国強兵によって幕府との対決に備える倒幕論に転換した。

この頃、歴史上重要な人物が白石家に顔を見せている。慶応に改元される前の元治二年四月一日、日記にはこうある。

〈筑前より三条公御内森寺と土州人石川誠之介両人来訪此度条公より山口へ御使ニ参候由申ニ付一酌〉

石川とは中岡慎太郎の変名で、森寺とは三条家の家職、森寺棟軒で、三条実美に従って西下していた。

態度を鮮明にした長州藩を幕府が放置するはずもない。幕府は翌慶応二（一八六六）年六月、諸藩を動かし、第二次長州征討に乗り出した。

幕府側は関門海峡近くの小倉口と瀬戸内海にある大島口、広島に接する芸州口、島根に接する石州口の四カ所から攻め込んだ。別名、四境《しきょう》戦争ともいう。

ところが、この年の一月、坂本龍馬の仲介で薩長同盟が結ばれていた。幕府側と見られていた薩摩藩と倒幕の急進派、長州藩が手を組んだ。幕府を改革したい上、長州征討には参加したくない薩摩藩と、内外からの攻撃にさらされ、武器を輸入できなくなっていた長州藩の利害が一致したのだった。

薩摩藩の名義を使うなどして、欧米から最新兵器を入手し、装備の近代化を図った長州藩は有利に戦いを進めた。坂本や高杉は参戦、高杉は最も激しい戦闘となった小倉口の戦いで、夜襲を仕掛けて幕府軍を破るなど、小倉側は総崩れとなり、いずれの戦いも長州藩の圧勝に終わった。

この頃の白石邸は人の出入りが激しい。日記には、高杉個人の動向に加え、山県狂介（有朋）や井上左門、福田俠平《きょうへい》、佐世八十郎（前原一誠）、赤坂の激戦で戦死する山田鵬輔ら長州藩士が続々と来訪。時には高杉と作戦会議を開き、一緒に酒を飲んで語り合う姿が綴られている。

〈朝寺内外記入来高杉同道馬関へ行佐々木祥一も行昼過丙寅丸河野並石田鼎田中謙介など来ル一酌夜ニ入寺内高杉かへり来ル今夜三絃ニて大さわぎ也〉（慶応二年七月八日）

〈福田俠平来又山本平八又寺内入来萩町人加嶋正右ェ門も来ル昼前一酌長府家老細川三吉三沢三人来訪高杉へ談話浜崎林槌も来客一酌夕方帰省夜ニ入久保松太郎入来又丙寅丸石田鼎も来〉（同月十二日）

〈朝寺内来一酌して高杉と了厳一同馬関へ行其跡ニ滋野謙太山田鵬介安部宗兵衛など来ル〉（同月十三日）

〈佐世八十郎湯川平馬来訪高杉と有談又寺内来り各一席一酌夕方皆帰省〉（同月十五日）

高杉が白石邸に帰って来ると、酒宴になり、三味線が入り大騒ぎになることも少なくなかった。

日記によると、この人の出入りは、十月中旬頃まで、ひっきりなしに続いている。

六月二十日には、坂本龍馬が訪ねている。

〈朝土州坂本良馬（原文ママ。※龍馬のことだろう）来高杉と談話同道にて帰省薩人右田伝兵衛今朝より太宰府迄可差遣筈之処さつ人山田孫一郎来関ニ付止メニ相成候両肥筑久留米柳川へ書翰頼ムの策也右ニ付高杉坂本同道船ニて馬関へ行夜遅く此方へ帰省〉

とある。

第二次長州征討でも白石邸は司令部になっていた。正一郎もさすがに疲れたのか、

〈朝大草臥《おおくたびれ》〉（六月十八日）

と書いている。

大敗した幕府軍に追い打ちをかけるように七月二十日、将軍、家茂が大坂城で薨去《こうきょ》したため、幕府軍は将軍の喪を発表し、停戦の勅命を請うて休戦の沙汰を下した。

第二次長州征討は長州側の圧勝で終わった。しかし、正一郎には重要な仕事が残されていた。

十月二十四日の日記には、

〈小倉講和の咄《はなし》承ル〉

とある。

幕府側である小倉藩との講和について相談されたのだ。さらに、講和の談判に来る小倉藩側の使節の宿舎を引き受けてほしいと頼まれた。

正一郎は準備を進めたが、

〈本〆より宿の事頼ミ来委敷承リ致承知候処掃除夫三人来リ花庭そうじ為致御用達セキ常瓦金塩定等座敷そうじ諸道ぐ取片付畳や表ぐや幷半紙ミぞ口等之事庄や代豊又へ申聞候処会所《かいしょ》へ伺出候今一切不運〉（十一月四日）

とこぼしている。

何をやるにもいちいち役所に伺いを立てなければならないから、準備が進まない、といらいらしていたようだ。

翌日、役所に掛け合ったが話にならず、

〈此方致立腹勝手ニセヨト云て相人ニなり不申候〉

と、温厚な正一郎にしては珍しくタンカを切っている。これが効いたのか、相手側が折れた。改めて頼みに来たため、七日から準備が軌道に乗った。

準備はできたが、正一郎の心労は終わらない。調印前、小倉藩の講和使節団が準備のため入れ替わり立ち代わり詰めかけた。

十一月十六日には十人が、二十九日には四人が……そして十二月十七日には四十人にもなり、一行はその夜（十七日）と十八日の夜、白石邸に泊まった。

年が明け慶応三（一八六七）年になっても談判は行われ、正一郎の接待も続いた。

〈早朝小倉藩上下九人来ル例の通引受マゼクル〉（一月十六日）

〈昼過より小くら藩ふくにて饗応〉（同月十七日）

小倉藩の一行をフグ料理などでもてなしている。そして、正式に講和が調印されると、一月二十五日、小倉へ戻る小倉藩一行は白石邸に立ち寄って、酒を飲み、宿泊している。日記には、

〈今夜大飲主客共大酔及深更客退散小くら藩止宿〉

とある。

翌二十六日には、

〈小くら藩へ別盃可致積之処汐時直り出帆を急船中へ呉候様申ニ付ふくの料理船へ遣ス〉

と、小倉藩の最後の宴用にとフグ料理を用意したが、潮が変わり出発が早まったため、フグ料理一式を船に運び込んだ。講和という大役を果たし、関門海峡をながめながらフグ料理で杯を空ける小倉藩使節の姿が目に浮かぶ。

薩長同盟、長州藩の勝利で幕府の弱体化が鮮明になり、一気に倒幕、維新につながっていく。

潜伏場所であり心のよりどころ

正一郎は、高杉が結成した奇兵隊のスポンサー的存在とされる。『白石正一郎日記』には西郷や平野ら四百人を超える志士や公卿らの名が登場するが、なかでも高杉とは特別な関係だった。

正一郎が初めて高杉と会ったのは文久三（一八六三）年六月六日。欧米列強との攘夷戦（下関事件）に完敗した長州藩の指示で、態勢立て直しのため下関に乗り込んだ高杉が頼ったのが白石家だった。

訪問は唐突だった。中原雅夫氏は『幕末の豪商志士　白石正一郎』の中で、高杉と正一郎がそれまでつながりがなかったことや前触れもなく唐突に訪ねていることに、「当然協力してもらえるものとしていきなり飛び込んできた」と分析している。一商人の枠を超えて、尊攘思想を深く理解し、尊攘志士を支援してきた者として、正一郎の名が知られていたのであろう。

高杉の期待は的中、正一郎は全面的に支援した。奇兵隊は白石邸で結成され、正一郎自身も弟の廉作と参加した。高杉は強い縁と絆を感じたかもしれない。文化九（一八一二）年生まれの正一郎と天保十（一八三九）年生まれの高杉は、二十七年もの年齢の開きがある。それでも、二人はこの日を境に、慶応三（一八六七）年四月に高杉が生涯を終えるまで、袂《たもと》を分かつことのできない関係が続くことになる。

中原氏によると、高杉は奇兵隊を結成した文久三（一八六三）年六月八日（七日説もあるが、正一郎日記では八日とある）、長州藩に「白石正一郎事、一形ならず周旋仕り候間、何ぞ一かど相立候御沙汰仰せ下され候様」と願い出、同月十三日には、「白石正一郎儀、本藩御徒士の仰せ付けられ候様、願い上げ奉り候」と推挙、正一郎は七月五日、本藩の士分に取り立てられた。『郷土　第12集』の『白石正一郎日記―抄　下関における高杉晋作』（阿月健治著）によると、高杉は後日、木戸孝允（桂小五郎）に、正一郎が家財を傾けるまでに王事に尽力したことをこう伝えている。

「正一郎事旧来正義士にて三藩上京以前より色々周旋仕、引続奇兵隊お取立之節は別而骨折候事に付、先年御雇士に被仰付候得共、其後も諸有志家宿処勤候故、少々蓄へ候黄金借出被尽飲被尽、今日に至候而甚困窮仕候由御座候（中略）正義者を御助力被仰付ずては爾来農町人に正義士は出来不申様可相成、歎息之至御座候」

翌文久四年（元治元年）以降、英米仏蘭四カ国との戦や和平交渉、長州藩内での尊攘派排除、討姦を唱えての決起（回天の義挙）、そして倒幕運動——と高杉の運命は変転する。この間も正一郎は陰に陽に高杉を応援した。

高杉が藩内の保守派（俗論派）の追及の手を逃れ九州に亡命する際は、一時、正一郎が自宅に匿った。

日記には、

〈昼高杉東行来訪座敷へ潜伏萩俗論大沸騰の由承ル〉（十月二十九日）

とある。

そして十一月一日には、

〈朝野唯人大庭伝七来談高杉改名谷梅之助昼過別盃七ッ時乗船高杉大庭野唯人ちく前へ行〉。

高杉は白石邸に三泊した後、名を谷梅之助と改め、正一郎の弟、大庭伝七と野唯人と筑

前国（福岡県）に亡命するが、その際、白石邸を指して、

狼虎の穴を脱し来り
潜伏して君の家に宿す
いかんともするなし二州の裏
人心乱れて麻に似たり
（『高杉晋作と奇兵隊』＝東行庵発行＝より）

と詠んでいる。

正一郎に深い感謝心を持っていたのだろう。高杉が九州に亡命する直前、白石邸を訪ねたちょうど一年後の慶応元（一八六五）年十月二十九日付で、正一郎に宛てた手紙が残っている。

「過日は御投状被成下御厚情奉多謝候爾来御無沙汰計にて背本意候段真平御降恕可被被下候偖今日は去年今月今日弟脱走舟行にて老台之家を尋ねし日ニ御座候御憐恨を以両日滞留潜伏筑前ニ罷下候日ニ御坐候閑憶往事不耐慨歎必意今日迄偸生仕も老台の御影にて鴻恩忘

却不仕候……」（昨年の今月、今日、筑前に向かうまで潜伏させて頂き助かりました。今日まで生き延びることができたのもあなたのおかげである）

常に危険と隣り合わせの生活を送っていた高杉にとって、白石邸は潜伏場所であると同時に、正一郎は心のよりどころだったのかもしれない。

盟友の死と新しい世

高杉と正一郎は、私的な付き合いも深かった。

慶応二（一八六六）年二月二十三日、高杉の妻、雅子が長男、梅之進《うめのしん》（東一《とういち》）を連れて萩から下関にやってきて、白石邸に滞在した。高杉は下関に不在だったが、妻子のことが気になったのか、妻子滞在中の三月七日、正一郎に「何分家内之者共程能御諭教奉頼候」と、妻子の様子を尋ねる手紙を出している。

高杉の妻子は四月一日、萩に帰るが、その後、正一郎は今度は高杉の愛人、おうのの面倒をみることになる。

〈高杉来訪妾おうの預り呉候様被申承知之返答ス〉（五月十九日）

妾のおうのを預かってほしいと相談され、承諾した。

おうのは六月四日、白石邸に挨拶に来て、住むようになるが、高杉は、正一郎がおうのを預かることを承諾したことで、安心したのか、その後、幕府側との戦いである第二次長州征討の対応に没頭する。

五月二十九日には、

〈高杉来訪土州石川誠之介同道也高杉より具足箱と皮敷（原文ママ）壱ッ預り置候〉

とある。

石川は、土佐藩士の中岡慎太郎で、高杉は中岡を連れて白石邸を訪れ、自分の具足箱と皮敷を預けている。

六月、第二次長州征伐が始まると、高杉は白石邸を拠点に活動、白石邸で作戦会議を行い、諸国から訪ねて来る役人や志士たちを応接した。当然、酒もついて回り、正一郎はその対応にも忙殺された。

高杉は多忙な中でも、おうのとの逢瀬を大切にした。

正一郎の日記には、

〈今昼伝聞大嶋郡にて戦争始り候由夕方高杉妾おうの入来今夜より止宿〉（六月十三日）

とあり、翌十四日には、

〈今夜高杉大嶋郡より帰候由紅喜へ止宿おうの直様行〉

と、高杉の帰還を聞き、おうのが高杉が止宿する商家「紅喜」へいそいそと出かけていく様子が記されている。

高杉は公務でも正一郎に心を明かすことがあった。

〈高杉より内意承ル片野十郎来ル今夜よりの支度にて用意す佐々木石蔵への返書認置候昼過長府より三人大庭共ニ一酌して各今夜の用意致す夜ニ入別盃をして船にて入江和作方迄行さて支度致ながら暫臂枕にてウタ、ネす合図炮兼而正八ツ半と承候処遅く相成候及深更奇兵隊より会田春介出来れり扨無程夜明ニ相成奇隊も不残出張之時船より合図炮打出ス〉（六月十六日）

内意とは幕府側の小倉藩との戦いのことで、作戦を正一郎に打ち明けていた。正一郎はすぐに戦支度をし、翌十七日、小倉戦争が始まった。

だが、高杉はすでに病にむしばまれていた。

七月十六日の日記には、

〈夜ニ入おうの肴持来浜門にて一酌及深更寝ル〉

とある。

白石邸から海につながる浜門で、おうのが持参したつまみを肴に、高杉とおうのと酒を楽しんだのだろう。

しかし、高杉はその後、発病する。

七月二十一日の日記に、

〈谷氏不快〉

の文字が現れる。

谷とは高杉のことである。

二十二日も、

〈高杉不快野昌英来直様かへる〉。

喀血《かっけつ》したのだろう、医者を呼んでいる。うなぎや鯉《こい》など精の付くものが届けられるが、高杉は接客に追われ、寝ていられない。軍議も白石邸で病臥《びょうが》する彼の枕元で行われた。八月一日、小倉城の炎上で局面が変わると、高杉は小倉城下に入り、病気を忘れたかのように飛び回った。

九月に入ると病状は悪化、
〈先日来病気故也〉（一日）
とある。
四日には、
〈夜ニ入高杉痰ニ血交り出候故医者石田迎ニ遣ス病院よりも一人来ル〉
と、痰に血が混じったため、医者を迎えにやっているが、日記を読むと、病状の悪化とともに見舞客が詰めかけている。だが、高杉は少しでも体調がいいと出歩き、正一郎は見舞客が来ると必ず酒を出して接待に追われた。
騒然とした日が続く中、九月十七日、高杉らを匿った罪で姫島に幽門されていた野村望東尼が白石邸を訪ねて来た。
日記には、
〈夜ニ入筑前より望東老女迎取候船かへり来藤四郎藤林多田荘三其外も来皆一酌各退散〉
とある。高杉が人を使って救出させたのだ。
高杉の病状はよくならず、十月二十七日には、
〈近頃招魂場の下夕の方ニ小家ヲ立られ候〉

と、白石邸から新地・桜山招魂場下の家に移り、おうのの看護を受けるようになった。高杉はこの住まいを「東行庵」と呼んだ。

年が明けた慶応三（一八六七）年は、正一郎にとって悲しみの多い年となった。

一月七日、孝明天皇が前年の十二月二十五日に崩御《ほうぎょ》したことを知る。高杉の病状も悪化し、三月、高杉は新地町妙連寺の林算九郎の家の離れに移り、療養を始めた。

同月六日、正一郎は祖先の二百年祭を行ったが、二十六日、体調を崩していた正一郎の父、卯兵衛が亡くなり、二十八日、神式で葬儀を営んだ。そして涙がかわく間もなく、四月十四日未明、高杉が没した。

十三日の日記には、

〈今夜八ツ時分高杉死去の段為知来片山と林へ行〉

とある。感情を抜いて単に死去の事実だけを記しており、それがかえって悲しみを抑えているように映る。

日記には、

〈朝林よりかへる高杉神祭一条片山と申談示書付遣し候昼前より山県狂介福田侠平来り高

杉神祭一条談示一酌夜中ニ帰ル〉（十四日）
〈今日高杉の神祭用具悉此方へ預置候〉（十五日）
とあり、高杉の葬儀はすべて自分が取り計らうつもりで、神祭の用具も一切預かっている。

高杉の葬儀は十六日に行われ、正一郎が神式によって取り仕切った。正一郎自筆の「谷東行主神葬略式」と題するメモには、

一、忌の事　親の喪、夫の喪は妻たる者は其日より酒肉をたち慎しむべし、葬の時は葬地にゆく道中徒跣の事、寒中たりとも足袋を用ふべからず、すべて忌ある人々は皆すあしの事

一、献供相済、親子兄弟ヲ始用立迄順々焼香すべし　但し各手を拍ち拝し丁寧に致すべし

一、埋メをハリ焼香相済銘々帰宿の時、一統一揖して静にすべし、其時おもく忌のか丶る人神主を守護し家に持かへり、机の上にすえおき藤（原文ママ）然の中の如く毎日

供膳・神酒・菓子・魚類すべて何にても珍らしき物を奉るべし、五十日の間は昼夜灯明あかしおく也　其後ハ毎年春秋両度御祭奉仕すべし、勿論其月其日にあたれる時ハ、子たるもの、前日より酒肉を禁ずべし

……など、三十七項目にわたり、注意事項が細かく書かれている。

親しい者の死は、正一郎を打ちのめし、その追悼に明け暮れた一年となった。大政奉還の五カ月前のことで、時代は大きく転換しようとしていた。

十二月九日、正一郎らが命をかけて祈念していた、天皇中心の政治を意味する「王政復古の大号令」が出た。新しい時代は盟友・高杉晋作の死と引き換えにやってきた。高杉の死は、志士、白石正一郎の終焉《しゅうえん》でもあった。

翌慶応四（明治元＝一八六八）年の元日、正一郎はこう詠じている。

〈草も木もみなふしなひき大君の御世ゆたかなる春はきにけり〉

盟友死去の寂しさの中、天皇による新しい時代を迎えた安堵《あんど》も覚えていたのだろう。

第五章　招魂場祭

ともに戦い借金だけが残った

小倉屋は幕末の尊攘志士にとって議論の場であり、慰安の場であった。長州藩のみならず多くの藩の役人や藩士、あらゆる人が出入りし、飲み食べ、かつ歓談した。

『白石正一郎日記』には、毎日のように〈何某来訪一酌〉〈夜ニ入大飲〉〈某亭へ行夜ニ入迄酒宴〉〈終日酒宴〉……とあり、相手が変わっても主変わらずで、酒を飲んでいる。

当時、白石邸に出入りしていた志士たちは四百人を超える。正一郎自身が酒豪だったと伝わるが、それにしてもよく飲んだものだ。白石邸で奇兵隊を発足させた盟友・高杉晋作は、後に白石家の様子を「少々蓄えた黄金も借り出しつくされ飲み尽くされ」と語っているが、先祖伝来の財を蕩尽《とうじん》してしまうまでになった。

『白石正一郎とその周辺』によると、慶応二（一八六六）年三月、白石家の借金は千百七十両にのぼったという。

そもそも正一郎が借金を抱えるようになったきっかけは、文久二（一八六二）年にさかののぼる。小倉屋は薩摩藩御用達として薩摩藩将兵の兵糧米の買い入れに奔走するが、商取引に失敗し、経営の危機を迎えた。大損したのだろう。同年九月二十八日の日記には、

〈米ニて損亡難渋致居候〉

とある。

正一郎は萩本藩からの拝借金（貸付金）で危機を脱しようと、藩と交渉。結果、十二月十七日、千五百両の貸し付けを受けられるようになった。

日記には、

〈長州様へ願出置候金拝借の事千五百金出来の段藤井より承ル〉

とある。

翌文久三年の春、長州藩は下関で攘夷戦を始め、正一郎自身も尊王意識が高まり、尊攘運動家に脱皮するそんな時期だった。

ところが、長州藩は攘夷戦で完敗、さらに蛤御門の変（元治元＝一八六四＝年七月）に続きフランス、オランダ、米国、英国の列強四国に惨敗（同年八月）すると、それまでの藩内の尊王攘夷派は失速、代わって富国強兵による倒幕派が台頭。時代が急変する中、第二次長州征討を控え、正一郎を取り巻く経済環境も変化する。

元治二（一八六五）年春、倒幕派へと脱皮した長州藩の高杉らは、倒幕論が高まっていた薩摩藩と和解工作を行い、並行して、それぞれの藩が窓口になり直接交易を行うようになった。このため、小倉屋は貿易商人として介在する道を失い、再開された薩長交易に参入できなかった。

正一郎は、尊攘という時代の流れに乗り、薩摩藩御用達になったものの、兵糧米買い付けに失敗、萩本藩からの拝借金で埋め合わせたが、今度はその拝借金返済に苦しむことになった。しかも、それまで同様、多くの志士たちが白石邸に群がってきて飲み食いする。借金はかさみ、正一郎は高利貸からの催促に悩まされ続けた。

正一郎の窮状を一番よく理解していたのは、高杉だった。『渦潮の底　白石正一郎とその一族』（冨成博著）によると、高杉は慶応元（一八六五）年八月七日、桂小五郎にこう訴えている。

「このあいだから御頼みしている白石正一郎のこと、ご検討のほどお願い致します。ご承知の通り正一郎は早くから正義の士で、萩、長府、清末三藩のために周旋《しゅうせん》を尽し、引き続き奇兵隊御取り立ての節は格別骨を折ったので、先年士分に取り立てられました。その後も諸有志、諸家の宿所を引き受け、応接につとめて、少々蓄えた黄金も借り出しつくされ飲み尽くされ、今日に至っては甚だ困窮に追い込まれております。家宅も千五百両拝借の質に入っているようです。その上、力と頼んだ舎弟廉作も但馬で討ち死にし、かれこれ余程気魄も落とし、実にそばで見ているのも堪え難く、なにとぞ御周旋御頼み申します。家宅をまるごと買い上げて、御涙金として財政再建の元手を御恵みくだされば、一層ご奉公仕ることと存じます」

正一郎が八月二十八日の日記に、

〈朝桂小五郎へ相尋候処馬関へ行るすの由不逢〉（朝、桂小五郎を訪ねて行ったが留守だった）

と書いているのは、高杉から桂へ相談するように言われたのかもしれない。

ワラにもすがる思いだったのだろう。金策に走る正一郎は同月二十三日、

〈夕林半七来訪此方家御上へ御買上の周旋致し呉候今二千金頂戴仕度申置候〉

と、奇兵隊参謀の林半七に、二千両で竹敷の家宅を萩本藩に買い上げてもらうよう、斡《あっ》旋《せん》を頼んでいる。

しかし、林の返事は重く、

〈林半七より来書一昨日の一条当分六ツかしき趣申来ル〉（八月二十五日）

とある。

十月十七日、ようやく、

〈大木譲平え頼事有之呼ニ遣ス昼前より来談改名竹内修介と云細川扶持方之事より屋敷買得一件申述近日願書相差出万事及相談程克承知致呉候ニ付下案を見せ石蔵や大庭一同一酌昼過各帰省〉

と、「願書を出せば家宅買い上げの相談に乗る」という萩本藩の指示をもらい、願書を提出した。

しかし、相談がうまくいかなかったのか、十二月十一日の日記には、

〈長府岡崎より両人来手厳敷催足申来候〉と、借金の返済を厳しく迫られている。

ただ、高杉は正一郎の支援を続けていた。同月十二日に正一郎と会った際、

〈入江角二郎へ行岡崎一条及相談候処内田孫四郎より弁解為仕可申と申ニ付相頼置候大より入江同道高杉へ行折柄福田良輔白根多介参り居酒宴中馳走ニ相成長府一件先夜大庭一義心配の礼申述候処跡の事迄申聞られ安心致候猶当節借財鼻ニ責来候段噂致候処折柄林半七も来居高杉懇切の咄し半七へも山口政府ニて正一郎方の事心配致遣し候様被申聞候〉

と、訪ねて来た林半七に、白石家の借財返済のために間に立って取り持ってくれと頼ん

でいる。

　正一郎に続いて高杉からも頼まれたからかどうかは分からないが、林は二日後の十四日に白石邸を訪れ、「当分の間、四、五百両で間に合わせることはできないか」と言ってきた。

〈林半七新ちより帰路トして来訪無程福田侠平来昼前より酒宴夜ニ入又々小酌今夜止宿林半七当家の借財の事ニ付三四五百にて当分間をわたし不申哉申候得共所詮間ニ逢不申候然ルニ当時又々幕情相迫候よし　君上有ての事ニ付先々当分借主より責来不申様被仰付度此度追討の一挙次第ニて平穏ニ相成候上此家御買上相成候様御周旋被下度夫迄見合の義申置候〉

　それに対し、正一郎は「とてもそんな額では間に合いません。とりあえず、さきの拝借金の返済を待っていただき、征討（元治元年の幕府による長州への攻撃）の一件が落ち着いたら、家宅の買い上げをお世話願います」と、率直に窮状を訴えている。

借金苦からの解放

年が明け慶応二（一八六六）年になっても、白石邸には諸士や奇兵隊士の訪問が相次ぎ、家計は逼迫《ひっぱく》した。

二月一日には、

〈奇隊より惣管始山県其外遠乗して来ル井上聞太伊東（原文ママ）春介野村和作など追々芸《げい》妓《ぎ》召連来暫大さわぎ〉

とあり、山県有朋や井上聞多（馨）、伊藤俊輔（博文）、野村和作らが芸妓を連れてやってきて大騒ぎをしている。支払いは正一郎だ。

同年三月五日、高杉は正一郎に「借金返済のために、どれくらい用立てたら間に合うか」と尋ね、正一郎は「元金およそ千百七十両ばかり」と答えている。少し減っているようだが、まだ莫大《ばくだい》な額だ。

日記には、

〈谷氏之内意石蔵やより承る借用金高の書付差出候様との事也元金凡千百七拾両計と申出置候〉

とあるが、それでも、高杉の代理の石蔵が翌六日、薩摩に行くというので、二十両貸した。面倒見のいい正一郎らしい。

だが、借金返済は待ってくれない。切羽詰まったあげくの措置だろう。正一郎は同年四月から、自身が所有する借家に住む店子《たなこ》の家賃を五割、引き上げている。

高杉からの支援は一貫していた。

「尊家御仕組一条乍影懸念罷在候右之儀ニ付少々御咄も窺度候兵尊拙速今明日之内御来話被下候ハ、辱存候要用事而已匆々如此御座候乍筆末御満堂様え宜敷御致声奉頼候頓首」（慶応元年七月二十六日付書簡）

「例之金ノ一条先千金ト相定及談合候処至而聞入も宜敷候間御安心可被成候折柄林半七も来関共々尽力仕候」（同二年三月七日付書簡）

——で見られるように、正一郎への折々の手紙には、正一郎の借金を何とかしようと手を尽くすさまが書かれ、親身になって正一郎救済に乗り出している。

慶応元年十二月十九日付の手紙では、

「昨夜より長府家老三好氏来関少々談話有之在宅小酌致居候事に御座候右に付例の返金一条も熊野清右衛門迄談置候覚悟に御座候間左様御承知可被下候」

と、長府藩家老に白石家の借金について相談したことを知らせている。

慶応二年十月二十六日には、高杉は「話がある」と正一郎を呼び出し、竹崎の家宅を商人の山中成太郎《なりたろう》へ千五百両で売り払い、萩本藩から借用した千五百両は山中が引き受けると、借財返済の斡旋を持ちかけている。

明治に入っても、正一郎は借金返済に追われた。

『渦潮の底　白石正一郎とその一族』によると、白石家の借金を救ったのは、明治六（一八七三）年七月二十八日に公布された地租改正条例だという。

『白石家文書・補遺《ほい》』に収容されている「日記中摘要二編」によると、正一郎はこの年の八月三十一日、

〈先日より新やしきの貸家七竈岡健兵衛相求度相談有之、今日代金五百金ニシテ売渡候、世話人村田陽平也、売渡書并券状相渡候〉

と記している。地租改正によって土地建物の売買が可能になったのだ。

正一郎日記や「日記中摘要二編」「明治十三年庚辰日記」によると、白石家のすべての借

入金が返済できる見通しが立ったのは、明治十三（一八八〇）年春になってからだった。二十年来の借金の苦しみから、ようやく解放された正一郎。しかし、余命は残りわずかになっていた。

こだわりの招魂場

ＪＲ下関駅（山口県下関市）から車で約五分。鳥居をくぐり、石段を上って第二の鳥居をくぐると正面に社殿が現れる。

慶応元（一八六五）年に落成した櫻山神社（下関市上新地町）である。

社殿の後ろは招魂場で、多数の神霊碑（墓標）が六列にわたって整然と並んでいる。第一列中央の「松陰吉田先生神霊」と書かれた神霊碑が一段高い台座に安置され、向かって右に「高杉晋作春風神霊」、左に「久坂義助通武神霊」（久坂玄瑞）とある。神霊碑の数は三百九十一柱。高杉晋作から奇兵隊員に至るまで、身分や立場に関係なく、吉田松陰以外は、どの神霊碑も高さは約一メートルと同じ規格で、すべてに「〇〇神霊」と刻まれている。

ここは、新しい時代を見ることなく、志に殉じて散った奇兵隊員らの霊を祀《まつ》り、戦いに挑む自分たちの神霊碑もあらかじめ建てておこうという、高杉の発議で設けられた招魂場だった。当初は奇兵隊の戦死者を祀っていたが、後に、列強四国の連合艦隊との戦争や幕府による長州征伐、戊辰戦争などの戦死者も合祀。いわば尊攘志士の招魂場となった。

明治五（一八七二）年、明治天皇が西国を行幸された際には勅使が派遣され、その後も勅使や御使の参向があった。七年、櫻山神社と改称したが、翌年勅令で櫻山招魂社となり、戦後、櫻山神社に戻った。

身分にかかわらず尊皇攘夷の戦没者を祀る招魂社という考えは各地に広がり、靖国神社（旧・東京招魂社）や護国神社につながる。

この櫻山招魂場の創設に、白石正一郎も深く関わっていた。

高杉が招魂場の構想を打ち出したのは文久三（一八六三）年。同年十二月には正一郎とも話し合っている。

年が明けて元治元（一八六四）年には具体的になり、一月二十三日の『白石正一郎日記』によると、

吉田松陰や高杉晋作ら391柱の神霊碑が立ち並ぶ櫻山神社の招魂場＝山口県下関市

〈馬関へ遠乗御用所久芳内記中村九郎其外多人数也新ち岡の原招魂場見合せ也今夜当家ニて大宴田処ヲ取持として中村赤根此方へ止宿〉

と、下関に来た奇兵隊幹部を、正一郎が招魂場の候補地であった新地岡の原（桜山）に案内している。

二月三日の『奇兵隊日記』には、

「新地招魂場、今日より開拓ニ付、段々人数罷越候事」

とあり、町民らを集めて早くも開拓が始まっている。

正一郎は正一郎日記に、

〈昼前より馬にて新地招魂場見分ニ行馬八疋也〉（同月八日）

と記しており、最初から世話人のような立場にあった。

開拓途中の三月二十九日には尊攘公卿も招魂場視察に訪れた。三条実美《さねとみ》、三条西季知《すえとも》、東久世通禧《ひがしくぜみちとみ》、壬生《みぶ》基修《もとおさ》、四条隆謌《しじょうたかうた》の五卿である。このころ急進攘夷派だった三条ら五公卿は京を追われて長州藩に入り、奇兵隊が護衛していた。

五卿の視察は正一郎の日記には、

〈御五卿様招魂場へ被遊御出御帰路鋳造場へ御立寄夕七ッ半御帰館〉

とあり、『奇兵隊日記』には、

「五卿方招魂場御出被遊候付き（中略）三条卿厚御意被成候事」

と記されている。「厚御意」の内容は不明だが、三条実美が招魂場に好意的な態度だったらしい。

当時は失脚中だった五卿だが、後の明治新政府では要職に就く。五卿が開拓中の櫻山招魂場を訪ね、身分にとらわれない尊皇攘夷の戦死者の弔《とむら》いに接したことは、新政府が招魂社を展開したことにつながったともみられる。

元治二（慶応元＝一八六五）年、招魂場完成で行われる「招魂祭」を前に、正一郎の日記には「招魂場祭」の文字が多く登場するようになる。

閏《うるう》五月二日には、

〈野村靖之介来訪招魂場祭之事相談直様帰ル〉

と初めて、祭祀に関する記述が登場する。
七月二日に上棟、八月に入って社殿が完成すると、いよいよ招魂祭だ。
八月三日の日記には、
〈夕方奇隊より山県狂介三好軍太郎来訪近日招魂場祭有之其用意ニ罷出候直様新地へ行旅宿新地故也〉
と、祭事の執行について相談され、翌四日には、
〈昼過高杉来訪同道して山県三好の新地の宿へ行招魂場祭一件也萩椿の社人青山上総出関祭用也〉
と、高杉の名とともに萩城下の総鎮守椿八幡宮の宮司、青山上総介《かずさのすけ》の名も見え、準備が佳境に入ったことをうかがわせる。ちなみに青山は明治十二（一八七九）年、東京招魂社が靖国神社になると初代宮司に就任している。
同五日には、
〈朝より新地の旅宿仙崎やへ行青山と神祭用の談示也少生神事奉行被申付相勤ルニ付高杉より鎧下垂《よろいしたたれ》借用す〉
と記すように、正一郎は神事奉行を仰せつかり、高杉から鎧下垂を借りている。

そして同六日、最初の招魂祭が行われた。

〈今日奇兵隊出張ニ付山県三好阿ミだじへ行青山此方にて祝詞書調候大賀郁介来ル昼飯を早くして招魂場へ行無程奇隊出張一応五軒やの所ニて休足夫より大隊調練青山小子大賀長野与右ェ門社人二人招魂台の宮へ詰ル一応奇惣管の所へ行祝詞を見する夫より帰りて鎧下垂着用惣管にかハりて献供す是神事奉行の役也大賀長岡両人ハ献供官也青山ハ祝詞師也〉

と、祝詞は青山が奏上、正一郎は神事奉行として、高杉から借りた鎧下垂を着用して祭りを取り仕切った。主役は白石正一郎だった。

高杉は招魂祭にあたり、

弔らわる人に入るべき身なりしに弔う人となるぞはずかし
（弔われる身なのに弔う立場であるのは恥ずかしい）
後れても後れてもまた君たちに誓し言を吾忘れめや
（たくさんの友に遅れてしまったが、生きながらえても皆と誓った言葉は決して忘れない）

という歌を詠んでいる。新しい世を見ることなく戦いで散った若者を惜しんだのだろう。

商人から神職へ

櫻山招魂場の招魂祭を見事に取り仕切った正一郎は一層、祭事に関わるようになった。招魂祭から三日後の九日には、自宅に祭壇を設け、長州全般の戦死者の神霊を勧請して祀った。ただ、酒好きの正一郎は夜には高杉らと〈大飲〉（正一郎日記）している。

同年十月二十五日に、招魂場で、吉田松陰の祭りが行われた。正一郎日記には、

〈今日昼過より招魂場にて吉田先生の祭執行青山高杉山県福田伊藤春介小生等也帰路伊藤春介ニて馳走有之〉

とあるが、『山口県神道史研究　第14号』（山口県神道史研究会）の『白石正一郎の神道信仰―桜山招魂社創建を巡って』のなかで、津田勉氏は「招魂場に於ける松陰祭祀が記されるのはこの時だけであることから、合祀《ごうし》の祭祀ではなかったかと思われる」と解説している。

慶応二（一八六六）年七月七日には、

〈今日招魂場ニて六月十七日七月三日小倉攻戦死の銘々七人の神霊を祭る〉

と、第二次長州征討の小倉口の戦いでの戦死者七人を合祀した。

慶応三（一八六七）年に父、卯兵衛《うへえ》、そして高杉が亡くなると、自身で神式の葬儀を取り仕切った。親しくしていた志士、家族らを多く失った正一郎にとって、弔いは自然と身についたとみられる。

明治に入ると、正一郎は櫻山招魂場の祭事でも中心的役割を果たすようになる。明治五年九月一日の報国隊合祀臨時祭では祝詞を奏上した。

この日の日記には、

〈招魂場祭執行此節片山留主中ニ付小生かハリて祝詞師ニ相成候支庁役人一同林算九郎方ニて馳走有之〉

とある。

林算九郎方とは、高杉が息を引き取った林邸のことだ。

『白石正一郎の神道信仰―桜山招魂社創建を巡って』のなかで、津田氏は「祝詞師を奉仕したということは、白石正一郎が明治五年には招魂場祭祀を自ら執行奉仕できる程であったことを示している」と述べている。もはや商人ではなく神職である。九月二十二日、二十三日の報国隊墳墓移築合祀大祭でも大役を務めた。

尊攘志士として奇兵隊に参加するほどの意志を持ち、志士を内から外から支え、そのために借金に苦しんだ正一郎。その正一郎にはあつい信仰の一面があった。

津田氏は「白石正一郎の思想と信仰の実践をみると、勤王家としての思想は志士の援護や奇兵隊への参加として、また信仰は神祭の奉仕者として実行されたことが知られる。こうした白石正一郎の軌跡からすると、白石正一郎を勤王討幕の為に全財産を投じて没落した地方都市の勤王商人のように評する見方は余りに一面的であることが理解される」と分析している。

櫻山神社の招魂場には、高杉らと一緒に、正一郎と、正一郎とともに奇兵隊に参加して戦いで自刃した弟の廉作の神霊碑も安置されている。

櫻山神社の祭神への献詠百二十四首をまとめた『さくら山の歌集』に、正一郎も歌を寄せている。

さくら山友のすみかと也にけりあらくなふきそはなの下風

改元の年も続々と来訪者が

盟友・高杉晋作の死（慶応三年四月）、大政奉還（同年十月）、そして王政復古の大号令（同年十二月）――。慶応三（一八六七）年は新時代の幕開けに向かい、激しく動いていた。そんななか、長州藩の尊攘運動に奔走してきた白石正一郎の周辺も騒がしい日々が続いた。

年が明けた慶応四（明治元＝一八六八）年一月三日には、旧幕府側と薩摩・長州藩を中心とする新政府側が衝突した鳥羽《とば》・伏見《ふしみ》の戦いが始まる。この戦いは戊辰《ぼしん》戦争につながる。高杉がつくった長州藩の奇兵隊は、下関を防衛するため極楽寺（下関）に兵を集めた。

下関といえば白石邸である。十二日には奇兵隊創設の場でもある白石邸に、奇兵隊の福田侠平や南野一郎らが顔を出し、芸妓を呼び大騒ぎをしている。二月七日には長州藩の孫藩である清末藩の藩主、毛利元純も訪問、正一郎は酒席を設けてもてなした。

『白石正一郎日記』にはこう記されている。

〈早朝かごにてセキよりかへる今日も多客昼過江本牧太御近習六七人同道来ル夕方福原南

福田俠平南野一郎其外芸妓多人数大さわぎ河本御近習等帰省係―三人来ル〉（二月十二日）
〈清末侯御着早速御船ニて網代御覧夕方御帰リ御酒差上御次中へも差出す正一郎東一片山も拝謁ス夜ニ入候故御止宿ニ相成御前ニおいて御盃頂戴及深更迄数盃被召上片山も正一郎も御取持申上候御紋付の御羽織壱ッ被下候〉（二月七日）
〈今朝も御座之間ニて清末様より御酒頂戴昼過御船ニて御帰清御礼トして御用方より金六千疋被遣候跡ふき一酌正一郎大酔炬燵に昼ね致候〉（同月八日）

思わぬ贈り物も届けられた。日記の二月十日には、

〈今日福田俠平より錦旗《きんき》のきれニて調候火打袋送り来頂戴〉

とある。福田から錦旗（天皇から官軍の大将に与えられる旗）の切れ端で作った火打ち袋が送られてきたのだ。

長州藩士の品川弥二郎と薩摩藩士の大久保一蔵（利通）が、岩倉具視《ともみ》から錦旗を作るよう託されていたので、その一部を正一郎に送ったとみられる。尊攘運動で、正一郎の功績が評価されていたことが分かる。

しばらくの間、姿を見なかった薩摩や久留米、秋月、筑前など他藩の藩士も、白石邸を

訪れ始めた。
〈さつ人村山下総来る帰京懸也〉（三月二十一日）
〈久留米藩五人来訪上京の由直様かへる〉（四月十二日）
〈秋月藩間嘉太夫と云もの来ル戸原卯橘の兄のよし也〉（四月二十九日）
〈久留米藩四人来訪上京の由申居候〉（閏《うるう》四月二日）
〈筑前人西原守太郎と云来訪博多紙入地一ッ呉候平野二郎（原文ママ）書物の事申居候此度長府山口岩国迄公用ニて参候由先年三田尻招賢閣ニ入込居候由申候〉（閏四月二十六日）
〈福田侠平来今夜止宿〉（閏四月二十七日）
八月十三日には、戊辰戦争で戦功を上げる権大納言の久我《こが》通久《みちつね》が突然訪ねてきた。
〈昼久我大納言殿北越へ御越がけ馬関へ御上り伊藤本陣へ御滞館之処馬関御遊行両招魂場へ御出俄ニ当家へ被為入御茶被召上御弁当御召上り先年来三条公始公卿方の御筆御覧ニ入正一郎母君共拝謁被仰付候〉
とある。
大物の電撃訪問に、正一郎はあせったのだろう。
〈青山品川も参り居銘々そうじ等加勢す〉とあり、居合わせた椿八幡宮宮司の青山上総介や品川弥二郎が掃除を手伝っている。
新時代を迎えても、慌ただしい日々が続いていた。

歴史の表舞台から消える

この年の九月、明治と改元されるが、日記からは正一郎の心身に変化がみえる。
十一月、正一郎は体調を崩した。
日記には、
〈正一郎兎角《とかく》不快ムクミ有之李家ニかゝり今日より発泡ツケル六日痛はげし八日発泡痛続く〉（十一月五日）
とある。
十日、越後中北部で戊辰戦争に参戦していた福田侠平が病気で長州に帰ったという知らせがあった。正一郎は体調がよほど悪かったのか、
〈福田侠平北国より帰候由承直様東一差遣候処大病也〉

と、長男の東一を代わりに見舞いに行かせている。福田は十四日に死亡、正一郎は体調が回復せず、葬儀にも東一を行かせた。

明治二（一八六九）年を迎えても正一郎の体調は芳しくなかった。二月九日、尊攘公卿である澤宣嘉《さわのぶよし》卿が下関に入ったという知らせが届いたが、「病気のために行けない」と断りの手紙を出している。

日記にはこう記している。

〈沢様御内藤川澄雄と云人より手紙来ル昨夜沢殿馬関御着小松やへ御上り之由ニて懐紙一枚御送越ニ相成候此度御内々御上京之由病中故御伺不罷出之段藤川迄返書差出ス〉

体調のせいか、正一郎はこの年の十月二十二日、

〈長府役人録事熊谷成三田上鴻二両人へ当御扶持方《ごふちかた》辞退の演説差出ス〉

と、長府藩の御扶持方を辞退している。

十一月十二日には、

〈御軍制御改正ニ付正一郎東一廉太郎三人とも奇兵隊除ケ被仰付候〉

と、奇兵隊を除隊になった。除隊は商人に戻ることを意味したが、白石邸は依然、長州藩の下関における拠点の役割を担い続けた。

明治三（一八七〇）年三月二十九日には豊浦藩（長府藩）知事の毛利元敏《もととし》が、四月二十五日には山口藩知事、毛利元徳《もとのり》の子、興丸（元昭《もとあきら》）が来訪。五月十日には、毛利元徳が薩摩からの帰り、下関に立ち寄ったため、あいさつに行っている。

十月二十六日には、

〈奇隊山県始三好杉山湯浅南野久我野村靖之介中村滝弥太郎など凡十人計来客す山県此度無恙西洋より帰候を祝て也〉

閏十月十二日には、西川善六という人物が中山忠光卿の墓に御使として詣り、白石家にも立ち寄った。

奇兵隊の面々と、白石邸への来客は絶えなかった。

だが、正一郎の心にも変化が生じていたのだろう。

明治五（一八七二）年二月二十五日、赤間関支庁から第三区戸長を依頼されると、

〈第三区の戸長申付ル不す丶ミ故追而断の願書さし出す〉

と断っている。

激動の渦の中にあって、後ろ向きな言動は、四年前の慶応四年閏四月二十七日の日記にも見られていた。

〈福田侠平来今夜止宿小子上京の事ニ付彼是致心配呉候廿八日帰省〉

と自身の上京を示唆《しさ》したかと思うと、五月三日には、

〈此方上京の事内許先ツ止メニス〉

と、思いとどまっている。

日記には詳細は書かれていないが、なぜ、上京しようとしたのか、そしてなぜ、上京を思いとどまったのか。

中原雅夫氏は『幕末の豪商志士　白石正一郎』の中で、「高杉らに托して、そのためにすべてを捧げて悔いのないくらいに期待していた新しい時代がおとずれたことに満足するとともに、もっと深い空しさにおそわれていたのだ。『動けば雷電の如く、発すれば風雨の如く』といわれた高杉によってあおられた彼の心の火も、その死によって消えてしまっていたのだ」と分析し、高杉の死が正一郎の気力を奪った可能性を示唆している。

そんななか、明治五年五月、ありがたい情報が飛び込んできた。

〈支庁役人山根秀介より来書今日此方の家見ニ来ル其外役人三四人も来ル此度　主上西国御順覧被為遊候ニ付当家ヲ　行在所《あんざいしょ》ニ御かり上可相成との事ニて其用意也〉（五月二十日）

明治天皇の西国巡幸で、白石邸を行在所にするという話が持ち上がったのだ。尊攘志士

であった正一郎にとって、自宅が天皇の行在所になることは一世一代の慶事。心に熱いものが湧いてきただろう。

しかし、予定はなぜか変更になり、行在所は別の場所になった。

二十七日の日記には、

〈山根秀介より来書行在所支庁へ御仕構相成候段申来此方ヤメ也〉

とだけ書かれ、予定が変更された理由は分からない。

正一郎はその後、行在所御用掛を仰せつかり、同時に歌を天皇に献上するよう達しを受けた。

六月、天皇の下関滞在中、正一郎は指示に従い、十二首の歌を献上している。『白石正一郎　その師と盟友』（谷省吾著）によると、その中には、ともに奇兵隊に参加し、戦いで自刃した弟、廉作を詠んだ歌もあった。

おとうと資敏にからまなびせさせ侍るとてよみてしめし侍りにける

から鳥のあとをふむとも心にはすめらみ国の道なわすれそ

ゆたかなる御世にひかれて都路の物見車のおとぞ絶えせせぬ

谷氏は「（孝明）天皇はおかくれになり、弟を含む義烈の同志も多く幽冥《ゆうめい》に入ったが、大御世の到来を迎え、いま明治天皇を目のあたりに拝する喜びのまことを披瀝《ひれき》申し上げたのである」と分析している。

歌を通して天皇に思いを伝えられたことは喜びだったろうが、行在所の変更は不本意だったに違いない。

日記には、

〈此方ヤメ也〉

と短く記しているだけだ。

行幸後、正一郎は日記に個人的なできごとを中心に淡々と書くようになる。

安政四（一八五七）年九月十二日に始まる『白石正一郎日記』（日記中摘要）は、明治十年と十一年にわずかな補遺があるが、主な部分は明治五年十二月三日で終わる。白石正一郎日記は、この「日記中摘要」のほか、『白石家文書・補遺』に、安政二年八月から同三年九月までの「日記原本」や明治八年から同十三年八月までの「日記原本」などが収められている。

これらの日記からは、安政、万延、文久、元治、慶応、明治と時代の激流に飲み込まれ、維新の陰で重要な役割を果たした正一郎が、新時代を迎えると徐々に歴史の表舞台から身を引く姿が浮かび上がってくる。

第六章　白石家

白石家を支えた女たち

幕末・維新の動乱期、多くの女性が時代の変遷に舞台裏で関わった。四百人を超える尊攘志士たちの拠点となった「小倉屋」の女性たちも例外ではなかった。『白石正一郎日記』には、細心の注意を払いながら志士たちをもてなす白石家の女性陣の奮闘ぶりが記されている。

女性陣を仕切ったのは正一郎の母親、艶子《つやこ》だった。

文久三（一八六三）年、白石邸で高杉が奇兵隊を結成すると、それまでも尊攘志士の根城だった白石邸は一層、情報交換や憩いの場となり、白石家の資産は、尊攘志士らの接待で音を立てて崩れていった。

しかし、艶子は全てを受け入れ、白石邸は徐々に勤皇倒幕の拠点になっていった。夫、卯兵衛とともに国学者、鈴木重胤《しげたね》に学んだ艶子にとって、国を思う尊攘志士を支えることは、情だけでなく、自身の信念に基づく行動だったと想像できる。

正一郎日記などの資料には、艶子の思いを象徴する場面がいくつも登場する。

元治元（一八六四）年三月二十七日、京を追われた尊攘派の七卿のうち、生野の挙兵で陣頭指揮に立った澤宣嘉卿を除く六卿が白石邸に滞在した。

正一郎の日記には、

〈御六卿様夜ニ入被遊御入候誠大混雑也暫して拝謁被仰付候〉

とある。

六卿の一人、錦小路頼徳卿は白石邸で病死したが、三条実美卿は滞在中、

妻子らも心ひとつに国のため　つくせる宿ぞさきくもあらめ

と歌を詠み、艶子と正一郎の妻、加寿子《かずこ》、弟、廉作の妻、延子《のぶこ》が心を一つにもてなしてくれた姿に感謝している。

奇兵隊結成の際にも「白石正市郎（原文ママ）一家ノ者有志黨の爲ニ奔走シ家族婦女子等ニ至ルマテ朝夕酒飯等給事シ大鄭重ナリ」（『馬關攘夷従軍筆記』から）と女性陣も奔走、丁重に隊員をもてなした。

また、文久二（一八六二）年二月、久留米藩内での立場が危うくなった、急進尊攘派の原道太（盾雄）と荒巻羊三郎（真刀）が平野の紹介状を持って白石邸に逃げ込んできたときには二階に匿《かくま》った。

正一郎日記には、

〈久藩原道太荒巻羊三郎両人平野次郎よりの添書持来潜伏為致置〉（二月二十日）

とあり、薩摩の『島津斉彬公史料』に収納されている「白石正一郎日記鈔」には、先にも触れたが、

〈久留米藩原道太荒巻半（原文ママ）三郎両人平野よりの添書持参に付二階に潜伏為致置家婢等不為正一郎妻カズ廉作妻ノブ両人をして食事沐浴《もくよく》其他厠《かわや》に行候迄注意せしめ極々秘密を主とし候〉

とある。加寿子と延子は、原と荒巻の食事や風呂、トイレに至るまで、どれほど細心の注意を払っていたかが伝わってくる。

慶応二（一八六六）年九月十六日、福岡藩による勤皇党弾圧により玄界灘の孤島、姫島に流された勤皇歌人の野村望東尼《もとに》が救出されると、その後の世話をしたのも白石家だった。望東尼は福岡藩士の夫と死別後、剃髪《ていはつ》し、高杉や平野ら多くの志士を支援していた。白

石邸に滞在中、病床の高杉を見舞った際、

「面白き事もなき世をおもしろく」

という高杉の辞世の句に、

「すみなすものはこころなりけり」

と下の句をつけたことで知られる。高杉は「面白いのう」と満足げだったという。

艶子が詠んだ歌が残されている。

谷川の氷もけふはとけそめて　ゆたけき春のおとたつるらし
ほのほのと霞わたれるはま松の　波をはなるる曙の空
庭のへのおちはを夜たた吹上て　声もはけしき木枯の風

元下関市立長府博物館（現歴史博物館）館長の清水只夫氏は、以前、新聞社の取材に、艶子の歌を「歌は作ったものの性格を映す。小事にこだわらぬ度量の大きさ。男っぽく、芯の強さも感じさせる」と分析し、「艶子と夫は歌をやり国学をやる、当時としては相当の知識人だった。正一郎はこの影響を受けて、商人ながら高い教養を持った。白石家に四百人もの志士が出入りし、七卿も泊っている。こうした賄《まかな》いは、子の理解があったからだ。艶子はそれを差配できる人間的な大きさを有していた」と述べている。

加寿子と延子も義母の指示のもと、タッグマッチを組み、正一郎と白石家のために身を費やした。『渦潮の底　白石正一郎とその一族』によると、延子は芸者顔負けの美声の持ち主だったというから、自慢ののどを披露することがあったかもしれない。

ただ、正一郎は自身の長男、東一の配偶者とは相性が悪かったようだ。正一郎は一男三女をもうけたが、長女と次女は夭逝《ようせい》。東一は六回妻を変えた。うち三人は舅《しゅうと》、正一郎の厳しさに耐えられなかったフシがある。

二人目の妻、種子の場合、慶応四（一八六八）年二月八日の正一郎の日記に、

〈……正一郎大酔炬燵に昼ね致候処二畳ニて片山おたねと雑話アマリ聞苦敷ニ付飛起てキセルニておたね打擲其末今夜東一をも出し申候〉

とある。片山という者に種子が聞き苦しいことを言っているので正一郎がキセルで打ちたたき、夜には東一も追い出した――というのだ。親戚がとりなしたが、明治二年六月、種子は実家に帰った。

作家の冨成博氏は『渦潮の底　白石正一郎とその一族』で「東一はあまり頑健でない上、

神経も細い（中略）東一の妻は、柔弱な夫を支えるしっかり者であってほしかった。その嫁が、内輪の愚痴や夫への不満を、遊びに来ていた片山貫一郎の嫁にもらすのを耳にした。夫の恥をさらす種子も種子なら、ふがいない東一も東一である。正一郎はかっとなって東一夫婦を家から追い出した」と、正一郎の思いを代弁している。

四人目の妻や五人目の妻も正一郎の期待に応えられなかったようだ。正一郎は長男の妻に伝統ある商家の主婦、そして勤王家の妻としての自覚を求め期待をかけ過ぎたのかもしれない。

正一郎は家人には厳しい半面、高杉や平野ら尊攘志士の愛人にはかなり気を使っている。万延元（一八六〇）年五月二十八日の日記には、

〈筑前高橋や勘六宮崎の妾召連来〉

八月十一日の日記には、

〈宮崎氏肥後よりかへり来ル翌十二日妾お秀へ宮崎の書面を以帰筑の事申聞十三日お秀帰筑〉

とある。

福岡藩を脱藩した平野は宮崎司と名前を変え、白石邸を隠れ家にしていた。一時、肥後に身を隠したが、その留守中に愛人のお秀が平野が白石邸にいると思い、訪ねて来たのだ。艶子は、彼女を哀れみ、白石邸に滞在させ、平野の帰りを待つことにした。

三カ月後、平野は戻ってきたが、お秀と白石邸にいると世間の目につきやすい。「自分が戻ってきたことを知らせず、筑前へ帰してもらいたい」という平野の要望に、正一郎は平野からのニセの手紙をお秀に見せ、博多で待つようにと言い含めて博多に帰らせた。

高杉も同じようなことがあった。

高杉は、愛人、おうのと下関に住んでいた慶応二（一八六六）年二月、妻の雅子が高杉の母親と長男と萩から下関に来ることになった。自宅に来れば正妻と愛人が鉢合わせになる。困った高杉は正一郎に、妻らを白石邸に泊めてくれるよう頼み込む。正一郎は引き受け、雅子らは四月一日に萩に帰り事なきを得た。

ところが、正一郎はその後、高杉に懇願され、おうのまで預かっている。

おうのについては、後日談があり、

〈又南野ヲ訪らひ綿勘へ行夜ニ入高杉小忠太夫婦谷潜蔵妻高杉の娘梅所など入来此方へ一宿〉

と、得度して梅処尼《ばいしょに》となった明治五（一八七二）年九月二日、理由は分からないが、高杉の父親と、高杉の妻、雅子、高杉の妹らと白石邸を訪ね一泊している。

誰かが訪ねてきたり、泊まったりすれば、世話は女性陣が行う。今の時代では想像できないことだが、正妻と愛人がかち合わないように匿うなど、白石家の奥を取り仕切った艶子の力があってこそだった。

正一郎日記によると、艶子は明治五年九月十八日、七十八歳で亡くなった。正一郎は母の歌五百二十三首を集め、一首でも千年の後まで残ってほしいという願いを込めて歌集『千年集』を著している。

白石家の魅力をつくった歌と学問

白石正一郎は商人の枠を超えた魅力を持っていた。

西郷隆盛は安政四（一八五七）年十一月、初めて正一郎と会った時の印象を、薩摩藩の市来正之丞に手紙で伝えた。

手紙の中で西郷は、正一郎について「全躰温和の質」「和学を好」「至て清直」「談話も面白く」「風儀雅品」など最大級のほめ言葉を連ねている。

さらに、お由羅騒動で薩摩藩を脱藩した工藤左門ら「四天王」と同じように、「精忠《せいちゅう》を感、叮嚀《ていねい》の者と相見得申候」とある。忠義があり、礼儀正しいという意味だ。初対面でこの賛辞である。西郷がいかに正一郎を評価し、信頼を寄せていたかが分かる。

元皇学館大学学長で神道学者の谷省吾氏は自著『白石正一郎　その師と盟友』の中で、「正一郎は、温和ではあるが、義に感ずれば肝胆を吐露して国事を談ずる熱情の人でもあったということであろう。清直・風雅の風姿と、道義に対する魂の感動とは、彼の生得《しょうとく》の性格にもとづくもの、また白石家の伝統的家風によるものがあるとはいうものの、学問によって呼び起こされ、鍛えられねばならぬものであったにちがいない」と分析。

正一郎に大きな影響を与えたのは国学者、鈴木重胤だとし、「正一郎は、この師によって開かれたその目を以て、平野を見、西郷を見、眞木・有馬・久坂・高杉を、中山忠光を見た。正一郎は、それらの人々の何者であるかを、一見して見通すことができ、多くの人々の往来の中で誰がほんものであるかを、見て誤らなかった。しかも、代々の豪商としての財産と、天野屋利兵衛のごとき俠気のみではない、国家の運命を傍観することのできない心を、学問によって磨かれた」と解説している。

ただ、『郷土　第51集』の「白石家多事余聞」によると、藤井正樹氏は『伊藤常足《つねたる》翁顕彰録』（伊藤常足翁顕彰百年祭実施委員会編、昭和三十五年刊）の「翁の門人一覧」に「資興」と正一郎の諱《いみな》が記載されていることを挙げ、正一郎は筑前国の国学者、伊藤常足からも歌詠みの指導を受けていたとしている。

当時、国学を学ぶ者は歌を詠んだ。伊藤も国学と和歌を教えており、師のもとで、正一郎の知識は蓄えられていった。

正一郎の魅力をつくった学問は、家庭にもその素地があった。家庭は商家であったが、父、卯兵衛、母、艶子ともに歌を詠む名手だった。正一郎は、卯兵衛の作品四百四十首を収めた歌集『松籟居《しようらいきよ》歌集』を編集している。谷氏は、卯兵衛が、嘉永四（一八五一）年春、家督と清末藩大年寄役を正一郎に譲ることを許された際、

かしこしや神と君とのみゆるしに真な子に譲る千世の松の家

と、廉作の子、廉太郎が生まれた際には、

天地の神の恵をねさしにて松の二葉そけふおひにける

と詠んでいることを挙げ、その歌集から卯兵衛について「歌人としての修錬もなみならぬものがあったと同時に、『神』のみかげを仰ぐ心のきわめて深い人であったことを、知ることができる」と述べている。

母親の艶子が詠んだ五百二十三首を収めた歌集『千年集』も正一郎が編集したが、中原雅夫氏は『幕末の豪商志士　白石正一郎』で、「艶子の歌は、のびのびとし、女性的というより男性的で、ものにこだわらない、抱擁力の大きい人がらを想像しても間違いではあるまい」と評している。

白石家には『万葉集略解』や『古事記伝』などが残されていた。神を敬い、風雅と伝統を重んずる家風の中、学を身につけた両親のもとで、正一郎が子供のころから『古事記』や『万葉集』を読み込み、教養を修めたと想像できる。

正一郎自身の作品を整理した歌集『松のおち葉』には八百を超える歌や祭文、弔辞などが収録され、題材は多岐にわたる。第一章でも触れたが、

我やとのつらつら椿つらつらに見つつ時をもうつしつるかな
（つくづくと椿をながめていると時が過ぎていく）

は、『万葉集』巻第一の

巨勢山《こせやま》のつらつら椿つらつらに見つつ偲《しの》はな巨勢の春野を
（つくづくと椿をながめていると巨勢の春野を思い出す）

を参考にしたとみられる。

『古事記』に出てくる「八重棚雲《やえたなぐも》（幾重にも重なった雲）」を参考に詠んだとみられる、

大空のかすめるみれは棚雲を千別にわきて春やきぬらん
（空にたなびく雲が払われて、春が来たのだろうか）

は自分でも気に入ったのか、、印をつけている。古典をもとにした歌には、高い教養が感じられる。

明治天皇に十二首を献上

正一郎は普段の生活でも、気持ちを表すのに和歌を詠む風流人だった。

慶応二（一八六六）年、第二次長州征討で長州藩の攻撃によって小倉城が落城した際、家老宅に一人踏みとどまっていた女性が死んだことを知ると、

をみなへし野への嵐にふかれきてしをれしさまのあはれなるかな

とその死を詠み、病に伏せる盟友、高杉には、

いかならん我すら冬のたへうきにこやせる君かよるの寒さは

（冬は自分もつらいのに、伏せっている君にとって夜の寒さはさぞつらいだろう）

と歌を贈っている。

正一郎の特徴がもっとも表れているのは長歌だといわれる。『松のおち葉』には五首の長歌があるが、谷氏は最も生き生きとした調べにあふれているとして、次の歌を挙げる。

詠豊年長歌並短歌

秋の田の　みのりよろしと　いはひつつ　おなし心に　おほ年の　みとしの神の　まつりすと　老たるわかき　人ここら　うきにうかれて　朝はしも　日のいつるより　夜はしもよ　夜のあくるまて　劔大刀　三日の祭に

市人の　足もととめす　うたひまひ　笛吹つつみ　うちなして　いゆきかへさひ　にきひつつ　飽ことしらぬ　年のゆたけさ

かへし歌

や束ほの足穂のいなほかりそめに出し我さへうきにうかれつ

白石家の産土神である大歳神社の祭りを詠んだもので、谷氏は「人々が祈りとからだとを、同じ村や町の人々と共に打ちこんで年に一度、昼夜を徹してにぎやかに歌い舞うお祭りさわぎの、ふと一種の哀愁をさえ感ぜしめる祭りの声のどよめきの中に、この歌をよむものは、たちまちに引きこまれる思いがする」と感想を述べている。

酒をやめた人には、こんな歌を贈るユーモアもあった。

　あたは身をもて守るへし　さけはこころをなこむれは　あたもる身とていかてかは
酒をのますてありぬへき
　年ころこのみしうま酒を　このころのますといふめるは　おのつからなる真こころに
そむける君とやいひてまし
　ゑひしれてこそうま酒も　身のそこなひになるへけれ　たのしむはかりのむ酒に
なにかはとかをおはすへき

酒は酔っぱらうまで飲んで、健康をそこなってはいけないよ、というのである。

和歌を詠む正一郎にとって最大の慶事は、明治五（一八七二）年六月に明治天皇が西国巡幸した際、十二首を献上したことだ。

同月十一日の日記には、

〈昼吉井宮内少輔児玉宮内少丞両人より御達ニてよミ歌よミおき二而も奉入　御覧候様との御事ニ付直様帰宅相認申候今夜ハ在宿〉

とあるが、『松のおち葉』の自序にこう朱筆を付けている。

「壬申六月にしの国々　御巡幸の時赤間関のかり宮にて吉井宮内少輔殿児玉宮内少丞殿おのかよみ歌かいつけて奉れと仰ことありけれはかしこけれと四季恋雑和歌十二首書つらねて　天覧にそなへ奉りけるその歌とも此集のうちに〇印をしるしおく」

『松のおち葉』に収められた歌のうち、天覧十二首には〇印がつけられている。

帰雁　かへりゆく雁のわかれを雲居にもをしむ心や有明月

（越冬した雁が帰っていく。その別れを大空も惜しんでいるようだなあ、有明の月よ）

江水鳥　難波えやつかひはなれぬをしとりは芦の枯葉やふすまなるらん

（一対の離れることのない鴛鴦《おしどり》は芦の枯れ葉を夜具にするのだろう）

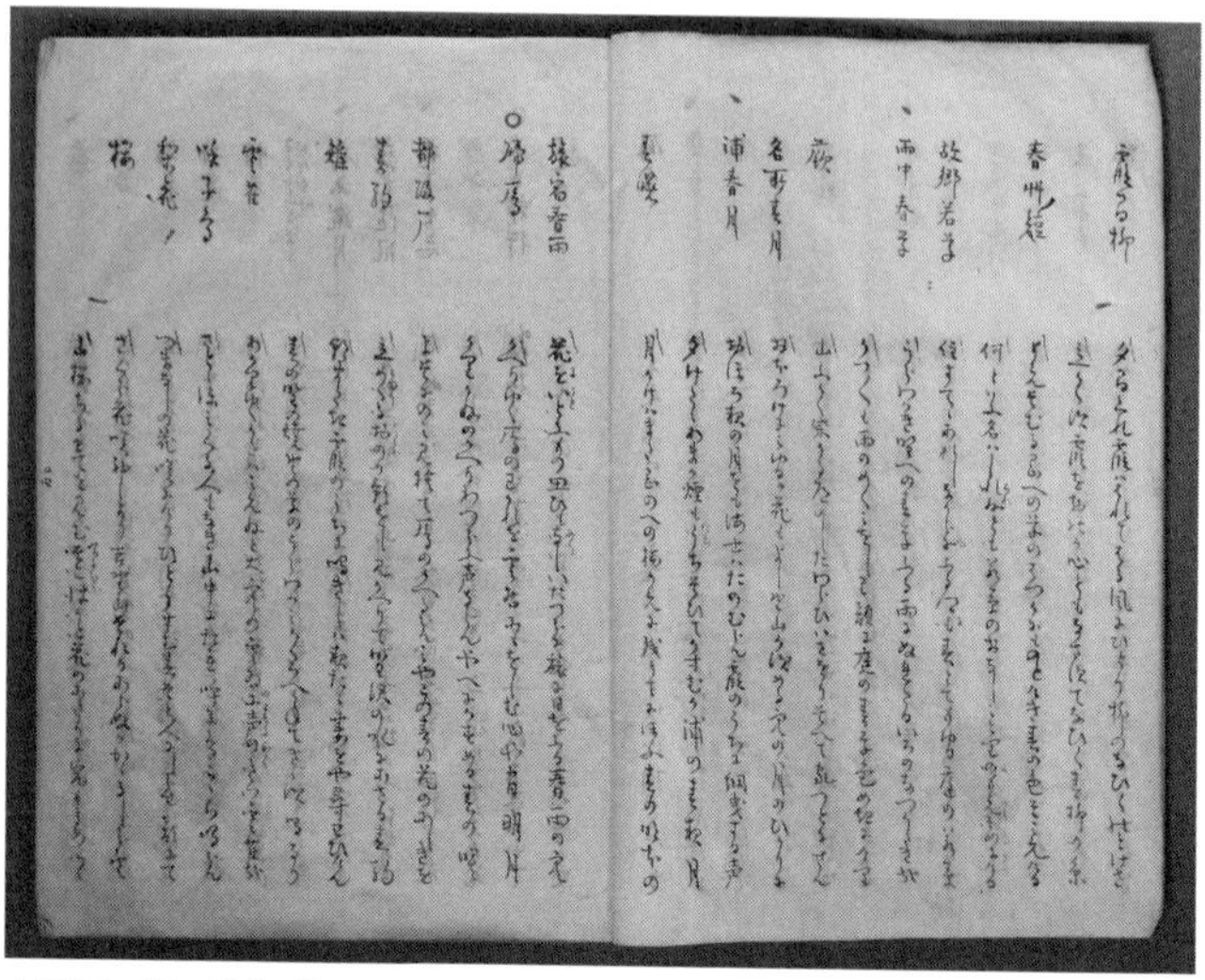

白石正一郎の歌集「松のおち葉」。明治天皇に献上した帰雁の歌には○印がつけられていた（下関市立歴史博物館蔵）

自詠の歌が天覧に供されたことは、幕末の苦難の時代に、勤皇のために尽くしてきた正一郎にとって、無上の栄誉だったに違いない。

しかし、『明治天皇紀・第二』（昭和四十四年刊）をひもとくと、明治五年六月十一日には「山口縣各地より産出する所の偕老同穴・平家蟹・魚貝の類竝びに硯材・珍花・薬草等を天覧に供す、魚類は、行在所庭前に小艇二隻を置き、潮水を湛へて之れを放つ、又内膳司料理掛松本義路が眞魚箸の庖丁を天覧あらせらる」と、出発前日の十二日には「市民、阿弥陀寺町海上に小艇を聯繫して其の上に土俵を設け、相撲を演じて天覧に供す」とあるだけで、正一郎の詠歌天覧の記述はない。

商人から赤間宮宮司へ転身

慶応三（一八六七）年十二月、王政復古の大号令でついに、白石正一郎らが目指した明治新政府が樹立された。

しかし、近代化や四民平等政策等を推し進める大久保利通や木戸孝光ら新政府側と反体制派が対立、混乱を極めた。明治十（一八七七）年九月には、征韓論に敗れて下野した西郷隆盛が西南の役で自刃に追い込まれた。正一郎は日記に西郷の死を記していないが、思いを同じにし、正一郎の生き方を左右した同志の死に深い衝撃を受けたことは想像できる。

この年の暮れ、正一郎は劇的な転身をしている。赤間宮《あかまぐう》（下関市）の二代目宮司を拝命したのだ。

赤間宮は、現在の赤間神宮（下関市阿弥陀寺町）で元の阿弥陀寺。怪談「耳なし芳一」の舞台として知られる。明治三（一八七〇）年、神仏分離令で同寺は廃され、安徳天皇を祀る御影《みえい》堂を天皇社と改称、さらに明治八（一八七五）年、官幣《かんぺい》中社赤間宮となった。阿弥陀寺は、奇兵隊の結成直後、本陣となった場所で、正一郎にとって思い入れの強い場所だ。

『白石家文書・補遺』に収められている「明治十年丁丑日記」の十二月を見ると、

〈廿七日　八ツ過南野氏より来書、赤間宮宮司被仰付候よし内翰ニて為知来ル〉
〈廿八日　昼過南野氏来、辞令□□□□□（※虫食いのため判読できず）す〉
〈廿九日　今日赤間宮□□（※同）て奉仕、社務所ニて先官ト直会、中村理左衛門より来書、鮒来〉
〈三十一日　夕方前赤間宮へ行、大祓也〉
〈寅（明治十一年）一月一日　赤間宮へ出勤〉

と記している。

一月一日は、

〽あら玉の春ハ来にけりむらきもの
　心つからやのとけかりける

白石正一郎が第2代宮司になった赤間神宮＝山口県下関市

の歌を添えている。

宮司拝命と同時に、務めを精力的にこなし、翌二日には、

〈上州前橋楫取《かとり》君へ一書郵送ス、拝命為知也　哥も一首〉

とある。楫取とは当時の群馬県令で、元萩藩士の尊攘志士、楫取素彦《もとひこ》。正一郎を赤間宮宮司に推挙した一人だ。手紙に宮司就任の報告をしたため、送ったのだろう。日記には、手紙に

〈くちハてん谷間の松も時をえて　けふ宮木にしなるそうれしき〉（朽ちそうな谷間の松も機会を得てお宮の木になれたうれしさよ）

の歌を添えたとある。

最初の仕事は社殿の造営だったが、国が進めた神

道布教のための指導役に任じられ、敬神・尊王精神を説いた。

商人でありながら尊攘志士を貫いた正一郎が、悲願の新政府樹立後、なぜ宮司に転身したのか。白石家に出入りし、正一郎が面倒を見た志士の中には新政府で活躍した者も多い。一緒に上京し、活動することもできたはずだ。

中原雅夫氏は『幕末の豪商志士　白石正一郎』で、「白石正一郎は一商人であることを越えた。彼の役割の偉大さは、西郷隆盛、平野次郎、高杉東行の三人への協力ということに集約することができる。薩長連合が成立した土台は正一郎がつくっていた」と、正一郎の役割を解説、「正一郎の人生は、西郷によって手ほどきされ、平野によってためされ、高杉によって成就した」と結論付けている。

その平野は元治元（一八六四）年七月二十日に処刑され、高杉は慶応三（一八六七）年四月十四日に病死。そして、西郷は鹿児島・城山で自死した。


なすわざも人におくれていたづらに　老たるばかり悲しきはなし

正一郎は『老後述懐』と題して、身を犠牲にして明治維新の原動力となり逝った同志に遅れてしまった、と嘆いている。

これは、前にも触れたが、高杉が櫻山招魂場建立にあたってうたった、

弔らわる人に入るべき身なりしに弔う人となるぞはずかし
後れても後れてもまた君たちに誓し言を吾忘れめや

に通ずる。

宮司として志士たちの神霊を祀ろうとしたのか。

下関市立歴史博物館の前館長、町田一仁氏は、正一郎が晩年、和歌を詠み、奇兵隊員らの霊を祀った櫻山招魂場での奉仕に没頭したことを挙げ、「維新政権が文明開化を標榜し、急速な近代化に邁進《まいしん》していく姿とは対照的だった。赤間宮の宮司となった正一郎の行動に、世俗から身を引き、国学思想のみに生きようとする姿を見ることができる」という。

『白石正一郎資風大人百年祭記録』によると、元皇学館大学学長の谷省吾氏は、正一郎日記に春秋の家の祭りや殉国の志士を祀る記述が多いことから、師である国学者の鈴木重胤から、祭りというものが何であり、どれほど大切かを身を以て教えられたことを赤間宮宮

司に就任した一つの理由に挙げ、「神職への転身はきわめて自然なことであった」としている。

正一郎は櫻山招魂場での祭事に限らず、自宅に祭壇を設けたり、父、卯兵衛や高杉の葬儀を取り仕切るなど、神事に通じていた。すべてのものから手を引いた正一郎の落ち着き先は神に仕えることだった。

名誉栄達よりも志士たちの慰霊・顕彰

尊攘志士として新政府樹立に心血を注いだ正一郎の半生を見ると、明治政府になり、正一郎も新政府の一員として新しい道を選択できたはずだ。なのに、東京を目指さなかった。その理由について、冨成博氏は『渦潮の底　白石正一郎とその一族』で、新政府樹立後、東京で成功した商人と比較、「中央へ進んで政商として雄飛を試みるなら、白石の世話になった多くの政府高官が、喜んで手を貸したにちがいない」としながらも、「勤王を志し、王政復古に至るまでその私財を投げ出したのは、功名心や一己の利益のためではない。ひたむきな勤王心の砦があった。新しく権力の座についた人たちに、過去の恩を売り功名に媚びるなど、正一郎には地を這ってもできなかった。それをすれば安政以来の行動がまったく意味を失ってしまう。功利的な世俗から離れて、神を祭り歌に親しむ道を選んだ」という。

新政府に対する不信を理由に挙げる見方もある。

阿月健治氏は『白石正一郎とその周辺』で、奇兵隊の一員として働き、志士として共に戦った山県有朋や伊藤博文が、尊攘主義に袂別《べいべつ》し新しい国家意識にめざめていたことを挙げ、「かつて協力し援助した人びとは東京に出て、新政府に入って欧化政策を唱導し、富国強兵に奔命した。それは以前の尊攘派の姿ではなかった」とし、正一郎が理想とする、国学や神道思想に由来する「王政復古」「天皇親政」「祭政一致」の政治と違ってしまったから、とみる。

『白石正一郎資風大人百年祭記録』によると、作家の古川薫氏も「白石正一郎があれ程の貢献をしながら、明治政府の中に出て行かなかったというのは一つの謎であります。高杉晋作が生きていたならば、或いは白石正一郎の明治以降の生き方も変っていたかも知れません」とした上で、「明治政府の何か正体のようなもの、明治維新というものに対する彼の不信感のようなものがあったのではないか、一体我々が一生懸命やったことは、何であったただろうかということですね。自分が考えていた御一新とは違うんだという風なことですね」と、新政府に対する不信感を挙げている。

前松陰神社宮司で赤間神宮の元禰宜《ねぎ》の青田国男氏は生前、筆者に「志士の中には名誉栄達を求め、国事に邁進するものも多かった。それを見せつけられてしまった。一番不信感を持っていたのは、高杉晋作の同僚や後輩の中で、要領よくのし上がったもの。正一郎は、志半ばで倒れた若い志士たちの思いを顕彰し続けた。それが、国学を学んだ自分にできることだと思っていた」と語っていた。

正一郎が望んだ新時代が来た。正一郎は日記等に本心を書き残していないため、心の奥底にあるものは分からないが、少なくとも、彼は明治の世に代償や名声を一切求めず、維新を見ずに逝った志士たちを祀る宮司の道を選んだ。

司馬遼太郎は『街道をゆく1　湖西のみち、甲州街道、長州路ほか』（朝日文庫）で、白石正一郎像を「生き残りの長州志士は東京へゆき、どうみても三流の人物でしかないという連中まで廟堂に列したが、落魄した白石をかえりみる者がなかった。白石のほうも、いまさら勘定書を出すような人物ではなかったらしい」「幕末にあらわれた長州人のなかでもっとも清潔なひとりであったということが想像できる」と書いている。

ただ、割り切れぬ思いがあったのか、正一郎は酒びたりになる。

『白石家文書・補遺』に収録された「明治十年丁丑日記」によると、明治十年十二月には、連日の深酒がたたったのか下血が続き、しばらくの間、酒を慎んでいる。ちょうど赤間宮の宮司を拝命した頃だ。しかし、体調が回復した翌年の二月ごろからまた飲み始め、「二日酔はげし」「今日も不快」の記載が多くなる。

「明治十二年己卯日記」によると、十二年ごろから体調不良で療治する記載が増え、翌十三年六月二十五日には、

〈正一郎先日来胸元つかへ、食事不進ミ、便通不宜、旁ニ付、小倉の医者山田得之ト申ス人へ診察相頼（中略）医師山田氏来り致診察候、胃の弱りト申候、妻数子（原文ママ）も診察、是も薬ヲ呉候筈ニて、七ツ時分各一酌、富野へ止宿〉（同補遺収容の「明治十三年庚辰日記」より）

となり、医師の診察を受けるが、その夜もまた酒を飲む。翌日、医師に〈酒の量一日弐《に》合《ごう》位ナラバ可然〉と制限され、二十七日の酒宴を最後に、日記から白石自身の飲酒の記載は消える。

正一郎は元来、酒好きではあったが、ここまで酒浸りになった理由は何か。人生を懸けて実現した新政府の実像が、尊皇攘夷の自身の思いとはかけ離れてしまったことか。一緒に幕末を駆け抜けた高杉や西郷らを失ったことか。すべてを失い、酒に頼るしかなかったのか。

それから間もなく、明治十三（一八八〇）年八月三十一日、激動の時代を最前線の現場で戦い、生き抜いた白石正一郎は六十八年の波瀾万丈《はらんばんじょう》の生涯を終えた。

あとがき

幕末・維新という動乱の中で、商人でありながら尊攘志士として生き抜き、赤間宮（現在の赤間神宮）宮司として生涯を終えた山口・下関の荷受問屋「小倉屋」八代目当主、白石正一郎。彼が残した『白石正一郎日記』に見る正一郎自身の生きざまと、維新運動に奔走した尊攘志士たちの姿から、我々日本人が見失ったものを探ることができる。

日記からは、南北朝時代の武将、楠木正成から連綿と続く命を懸けた尊王精神と国と国民を尊び護る使命感、さらにその使命感を達成するまでの至誠の心と覚悟――が浮かび上がってくる。いずれも、日本人の「軸」ともいえ、行間からは、この「軸」を受け継いだ吉田松陰ら尊王志士たちの大義に生きる心の響きが伝わってくる。

正一郎自身もその一人だった。この「軸」は、さらに、先の大戦で自らの命を懸けた特攻隊員ら英霊の心の支えにもなり、そこに国家と国民を思う強い意志と日本人の誇りという共通したものを感じる。

また、国家は「国民」と「国土」と「主権」の三つの要素の上に成り立つが、日記からは、幕末期、そのなかの一つ「国土」に対して敏感で、国土が外国に侵攻されることに強い危機感を持っていたことをもうかがうことができる。

先の大戦後、北方四島はロシアに、竹島は韓国に不法に実効支配され、尖閣《せんかく》諸島海域は中国からいわれなき侵攻を受け続けている。加えて、北海道や沖縄は中国資本に、対馬（長崎県）は韓国資本に不動産を買収され、実質、実効支配されているといってもいい状況で、グローバル化の流れの中で、日本人の領土、国土に対する意識が希薄になっていることは否めない。

『白石正一郎日記』に記された事象の取材を続けると、幕末期、侵攻する諸外国から領土を守ろうとする幕府や長州藩士らの強い意志が伝わってくる。

ロシアによる対馬の基地化を目指した「ポサドニック号事件」しかり、攘夷戦争しかり、列強四国との講和交渉しかり……。だれもが領土の重要性を十分認識していたことを象徴している。現在、対馬は韓国資本に、北海道や沖縄は中国資本に、堂々と〝経済侵攻〟されていることに、疑問を投げかける声は決して多くない。国土、領土に対する日本人の意識が、幕末期と比べ、いかに希薄になっていることか。国土と国民を護ろうという意識が欠如している証左だろう。

こんな意見がある。語るのは北方四島の元島民だ。

「憲法改正は重要な問題で、九条も改正しないといけない。ただ、自衛隊は何を護るのか――という議論が出ないのはおかしい。自衛隊が護るのは、『国民』と『領土・国土』『主権』でしょう。それを憲法に明記すべきだ。そうすれば、国民の国家に対する意識が変わる」

正一郎自身の生きざまも興味深い。正一郎は明治新政府が樹立されるのを見届けると、志士の身分を捨て、名誉栄達を求めず、赤間宮の宮司として、幕末、国士として奔走した志士たちの御霊《みたま》を弔う道を選んだ。安政四（一八五七）年十一月、西郷吉兵衛（のちの隆盛）と出会って以降、本来の事業に失敗しながらも、資産を使い果たすまで志士たちを支援した功績を考えると、政商として中央に進出することも可能だったはず。だが、彼は腰をあげなかった。

冨成博氏は自著『渦潮の底　白石正一郎とその一族』のなかで、「正一郎がおのれに課した人に求めたのは『誠実』であった。権力をカサに着て威張り散らす小役人、口先で空論をもてあそぶ慷慨《こうがい》の士、功利に走って人をたぶらかす策士、約束を無視するふしだらな人間などが、日記の至るところで糾弾されている」と、正一郎の「誠」に触れ、「歴史を動かすのは、ある特殊な選ばれた人たちだけと思われがちだが、そうではない。滔々《とうとう》と流れる潮流の巨大なエネルギーを生み出すのは、一つの渦ではなくて、大小無数の渦のつながりである。そのつながりを強固にする接着剤は『至誠』にほかならない」と結論付けている。

グローバル化、国際化が進むと、知識も情報も諸外国に求めなければいけない。外国文化や外国資本と対峙し、外からの〝侵攻〟から我が国を護るには、それ以外の方法はない。だが、外国文化や習慣などを学ぶのは、あくまでも侵攻を阻止するためであって、その奥には、「和魂」が堅持されていなければならない。正一郎と正一郎の世界に近づけば近づくほど、尊王精神を基本に、楠木正成や日本を守ろうとした特攻隊員らの思いと重なるのだ。複雑なイデオロギーは関係ない。思想はさまざまでも、基本は、「日本人」であるという一点で共通していたように映る。

『白石正一郎日記』は、一般国民と政治家、官僚、メディア、そして財界人に対するメッセージであり、日本を取り巻く国内外の環境が大きく変わる今、今の日本人に何が欠落しているのか、何が大切なのかを考えさせてくれる。

宮本雅史

令和二年九月

主な参考文献

『白石家文書』『白石家文書・補遺』下関市教育委員会編
『馬關攘夷従軍筆記』金子文輔
『回天実記』土方久元（新人物往来社）
『白石正一郎資風大人百年祭記録』白石正一郎百年顕彰会（赤間神宮）
『平野國臣傳記及遺稿』平野國臣顕彰会編（博文社書店）
『平野國臣傳』春山育次郎（平凡社）
『山口県神道史研究　第14号』山口県神道史研究会編
『資料　幕末馬関戦争』下関市文書館編（三一書房）
『伊藤公全集　第三巻』伊藤博文、小松緑（伊藤公全集刊行会）
『清末藩史話』徳見光三（長門地方史料研究所）
『幕末の豪商志士　白石正一郎』中原雅夫（三一書房）
『裏からみた長州の維新史』中原雅夫（創元社）
『渦潮の底　白石正一郎とその一族』冨成博（右文書院）

『白石正一郎と幕末の下関』下関市立長府博物館編
『天皇の世紀』大佛次郎（文藝春秋）
『将軍慶喜と幕末の風雲』古川薫（文藝春秋）
『東天紅の海』内藤史朗（郁朋社）
『会津と長州、幕末維新の光と闇』星亮一、一坂太郎（講談社）
『下関・維新物語』清永唯夫（新日本教育図書）
『中山忠光暗殺始末』西嶋量三郎（新人物往来社）
『週刊朝日百科84 日本の歴史』『週刊朝日百科85 日本の歴史』（朝日新聞社）
『郷土 第4集、第12集、第14集、第17集、第33集、第51集』（下関郷土会）
『白石正一郎 その師と盟友』谷省吾（赤間神宮）
『白石家多事余聞（一）』藤井正樹
「奇兵隊の構成」小林茂
「『白石正一郎日記』にみる飲食」利岡俊昭
「埋もれた白石正一郎の業績」（二〇〇八年六月六日付長周新聞）

本書は産経新聞に連載された「明治維新を支えた男　白石正一郎日記に見る幕末」（平成31年4月10日～令和2年3月25日）を基に再構成し、加筆修正しています。

本書に登場する『白石正一郎日記』は、安政二（一八五五）年八月一日から同三年九月三十日までと明治八（一八七五）年一月一日から同十三年八月二十二日までを記した「日記原本」と、安政四年十一月十二日から明治五（一八七二）年十一月二十一日までを記した「日記草稿」、明治六年一月一日から同十一年十二月二十九日までをまとめた「日記中摘要」、さらに、日記草稿を基に安政四年九月十二日から明治五年十二月三日までをまとめた「日記中摘要」があり、『白石家文書』『白石家文書・補遺』に収録されています。本書では「日記中摘要」を中心に話を進めました。

装丁　神長文夫＋柏田幸子
ＤＴＰ　荒川典久
写真　断りのないものは産経新聞社

宮本雅史（みやもと・まさふみ）

産経新聞編集委員。1953年、和歌山県生まれ。慶應義塾大学法学部卒業後、産経新聞社入社。90年、米国ハーバード大学国際問題研究所に訪問研究員として留学。93年、ゼネコン汚職事件のスクープで日本新聞協会賞を受賞。司法記者クラブと警視庁記者クラブのキャップ、東京本社社会部次長、バンコク支局長などを経て一時退社。その後、書籍編集者、フリージャーナリストを経て産経新聞社に復社。那覇支局長などを歴任。公益財団法人「特攻隊戦没者慰霊顕彰会」評議員。「本部御殿手真武会宮本道場」を主宰。

著書に『歪んだ正義　特捜検察の語られざる真相』（角川文庫）、『電池が切れるまで』（角川つばさ文庫）、『爆買いされる日本の領土』（角川新書）、『領土消失　規制なき外国人の土地買収』（共著、角川新書）、『「特攻」と遺族の戦後』『海の特攻「回天」』（角川ソフィア文庫）、『少年兵はなぜ故郷に火を放ったのか』（KADOKAWA）など多数。

国難の商人　白石正一郎の明治維新

令和２年10月25日　第１刷発行

著　　者　宮本雅史
発 行 者　皆川豪志
発 行 所　株式会社産経新聞出版
〒100-8077 東京都千代田区大手町1-7-2 産経新聞社８階
電話　03-3242-9930　FAX　03-3243-0573
発　　売　日本工業新聞社　電話　03-3243-0571（書籍営業）
印刷・製本　株式会社シナノ
電話　03-5911-3355

© Masafumi Miyamoto 2020, Printed in Japan
ISBN 978-4-8191-1392-2　C0095